Liebl

Hans Niedermayer – Kind in einer anderen Welt

Hans Niedermayer

Kind
in einer anderen Welt

So ist es damals gewesen

Verlag Sankt Michaelsbund

Der Verlag Sankt Michaelsbund im Internet:
www.st-michaelsbund.de

ISBN 978-3-939905-45-5
Zweite Auflage, 2010
© 2009 by Verlag Sankt Michaelsbund, München
Printed in Germany. Alle Rechte vorbehalten.
Umschlaggestaltung, Layout und Satz: Rudolf Kiendl, München
Herstellung: freiburger graphische betriebe GmbH & Co. KG, Freiburg

Inhalt

Ein Wort zuvor

Ein Tagebuch habe ich nie geführt. Es war auch nie meine Absicht, Erinnerungen an die Kindheit aufzuschreiben und zu veröffentlichen. Erst im vorgerückten Alter, als ich feststellte, dass die Veränderung meines Heimatdorfes immer schneller vor sich ging, ja dass das Dorf kaum wiederzuerkennen und das Leben in ihm völlig anders geworden ist, wuchs in mir der Wunsch zu erzählen, wie ich meine Kinderjahre in einer Handwerkerfamilie, auf dem benachbarten Bauernhof und im Dorf erlebte. Natürlich habe ich im Lauf der Jahre viel vergessen. Andererseits merkte ich mir vermutlich das am besten, was mich besonders beeindruckt hat. Und genau das, meine ich, könnte auch heute noch interessieren.

Beim Schreiben wollte ich meine Kinderjahre weder durch eine rosa Brille betrachten noch die sogenannte gute alte Zeit heraufbeschwören. Erst recht wollte ich es vermeiden zu betonen, wie schlecht es uns früher ging und wie hart meine Kindheit war. Nein, ich wollte einfach zeigen, dass wir ganz anders lebten im Vergleich zur Gegenwart und dass sich meine Kindheit aus heutiger Sicht gewissermaßen in einer anderen Welt abspielte.

Das ist eine Erfahrung, die schon frühere Generationen gemacht haben – und die auch künftige Generationen machen müssen.

Riese und Zwerg

Wie weit meine ersten Kindheitserinnerungen zurückreichen, weiß ich nicht genau. Vermutlich in die Zeit, als ich gut drei Jahre alt war, das heißt Ende 1937 oder Anfang 1938. Nicht nur ein schlechter Esser war ich, auch Stuhlgangprobleme machten mir zu schaffen. Oft hockte ich lange auf dem Topf, bis sich der gewünschte Erfolg einstellte. Damit ich ruhig sitzen blieb, versuchten die Eltern mich zu beschäftigen. Ein Bilderbuch gab es bei uns damals noch nicht. Wiederholt drückte mir der Vater bei meinen langen Sitzungen Werbezettel für den Kauf von Losen in die Hand und forderte mich auf, die abgebildeten „Seifen" zu zählen. Von Zahlen hatte ich offenbar noch keine Vorstellung. Die vielen Nullen auf den Übersichten mit den winkenden Gewinnen hielt ich für Seifenstücke.

Manchmal stellte mir die Mutter, sie war Näherin, eine Zigarrenschachtel voller bunter Knöpfe zum Spielen hin. Es waren gebrauchte Knöpfe, die gesammelt wurden für eine weitere Verwen-

Im Kinderwagen.
Das älteste Bild von mir,
das ich besitze.

Das Elternhaus. Die Mutter mit mir am Gartenzaun.

dung. Auch der Vater hatte als Schneider eine solche Knopfschachtel. Aber seine für Anzüge und Mäntel vorgesehenen Knöpfe waren dunkler und beschränkten sich auf die Farben Schwarz, Grau, Dunkelblau und Braun. Dementsprechend gering war die Attraktivität dieser Sammlung für mich.

Am lebhaftesten in Erinnerung blieb mir aus der Zeit der frühen Kindheit die Begegnung mit einem leibhaftigen Riesen: Vor unserem Haus mit dem bescheidenen Kramerladen stand plötzlich ein riesiger Mann, so groß, dass er in die Dachrinne schauen konnte. Er trug eine ellenlange schwarze Hose, einen ebenso schwarzen Mantel und einen Zylinder. Rasch war er von einer Kinderschar umringt, auf die er einzelne Bonbons – bei uns hießen sie „Guatl" – herabwarf. Ein dabei stehender Mann in Normalgröße schenkte einigen Kindern bunte Papierkronen, wie es sie heute noch gibt.

9

*Im Obstgarten der Groß-
eltern als Zwei- oder
Dreijähriger.*

Vermutlich war ich der Jüngste und Kleinste in der Schar. Der Riese und sein Begleiter übersahen mich. Weder erwischte ich etwas
Süßes noch eine Kopfbedeckung. Es handelte sich um eine Werbe-
tour für eine Schuhcreme der Firma Nigrin. Für diese Firma und
ihre Konkurrentin Erdal warben Reklameschilder aus Blech, die
an unseren Gartenzaum genagelt waren, neben zwei anderen, von
denen die eine für Persil warb, die andere für die Waschmittel der
Firma Thompson.

Der seltsame Auftritt dauerte nicht lange. Plötzlich setzte sich
der drei Meter große Mann auf das Dach eines Lieferwagens, legte seinen übergroßen Zylinder weg und zog sich die Hosenbeine
hoch. Der Begleiter nahm ihm die langen hölzernen Stelzen ab und
schnallte sie auf das Autodach. Der Riese war auf Menschengröße
geschrumpft. Der Wagen mit beiden Männern fuhr los, die Kinderschar verlief sich schnell. Meine Enttäuschung war groß, weni-

ger weil der Riese auch nur ein Mensch war, sondern weil ich leer ausgegangen war. Meine Mama versuchte mich zu trösten: Beim Austeilen hätten mich die beiden wohl absichtlich übersehen, weil ich doch das Kind der Kramerin sei und diese mir selbst Guatl geben könne.

In diese Zeit fiel auch meine erste Begegnung mit dem Dritten Reich. Im Dorf besaßen erst wenige Familien ein Rundfunkgerät. In unserer Schneiderwerkstatt, die zugleich Küche und Wohnzimmer war, hatten Männer „einen großen Radio" aufgestellt, den sie offenbar meinen Eltern verkaufen wollten. Das war eine Attraktion. Und als eine Rede Adolf Hitlers übertragen wurde, kamen zahlreiche Männer und Burschen bei uns zusammen, um den Führer zu hören. Die wenigen Stühle und der Schneidertisch reichten nicht. Meine Mutter saß auf unserem Fußschemel und für mich tat es eine leere Seifenkiste aus dem Laden. Natürlich ging die sicherlich sehr laute Rede an meinen Ohren vorbei. Ich weiß auch nichts mehr von ihrer Wirkung auf die Erwachsenen. Kurz darauf wurde das Gerät wieder abgeholt. Meine Eltern kauften einen viel kleineren Volksempfänger, wie er dann bald in allen Häusern anzutreffen war. Die Radios standen nicht auf einem Schrank, sondern auf einer Konsole an der Wand, und zwar so weit oben, dass Kinder nicht hinauflangen und einschalten konnten.

Den Bruder brachte der Storch

Ich war noch keine vier Jahre alt, als mich meine Eltern auf die bevorstehende Vergrößerung der Familie einstimmten. Wiederholt fragten sie, ob ich mir nicht ein kleines Geschwisterchen wünsche. Vermutlich habe ich die Frage bejaht. Damit mein Wunsch

Die Eltern als Brautpaar 1932 und 1980 beim 75. Geburtstag des Vaters.
Die Mutter starb 1981, der Vater 1989.

leichter in Erfüllung ging, musste ich vor dem Schlafzimmerfenster ein Zuckerstück auf das Fensterbrett legen. Denn die kleinen Kinder bringe der Storch, erklärte man mir, und Störche würden gerne Zucker naschen. Der Zuckerwürfel locke den Storch an und der lasse dann das Kind, das er bei sich habe, auf dem Fensterbrett liegen, um den Zucker in den Schnabel nehmen zu können. Also wurde der Köder ausgelegt.

Gesprochen wurde auch darüber, ob ich lieber einen Bruder oder eine Schwester wollte. Ich war für einen Bruder. Als Namen waren je nach Bedarf Anne – so hieß die Taufpatin, „das Godl" – oder, ich habe keine Ahnung warum, Fritz im Gespräch. Auch das war mir recht. Es wurde ein Bub. Und der wurde nicht auf den Namen Friedrich getauft, sondern hieß dann Siegfried. Dieser Name aus der germanischen Sagenwelt war in den Dreißiger Jahren ähnlich beliebt wie Brunhilde oder Hermann. Bei letzterem dachte man aber weniger an den Cheruskerfürsten, noch weniger an den

Die beiden Seiten eines Anhängers für Uhrkette oder Halsband mit den Großeltern aus den Jahren des Ersten Weltkriegs.

heiligen Hermann Joseph, sondern an Hermann Göring. Noch beliebter war der Vorname Horst, der an den SA-Mann Horst Wessel, den Dichter des Liedes „Die Fahne hoch …" erinnerte. Und von uns zehn Buben, die 1940 eingeschult wurden, hießen drei Adolf. Der Vorname meines Bruders Siegfried wurde bald verkürzt. Wir nennen ihn bis heute wenig kriegerisch einfach „Friede".

Bei den Großeltern

Da meine Mutter nach der Entbindung des Bruders längere Zeit auf den Tod krank darniederlag, brachte mich der Vater zu den Großeltern mütterlicherseits, bei denen ich dann auch die folgenden Jahre immer einige Wochen verbringen durfte. Großmutter und Großvater lebten eine Fahrradstunde entfernt von uns außerhalb eines Dorfes am Rand eines größeren Waldgebietes. In der Nachbarschaft gab es nur ein weiteres Haus, das eine Arbeiterfamilie bewohnte. Die Großeltern betrieben eine kleine Landwirtschaft und der Großvater arbeitete außerdem als Waldarbeiter für einen Gutsbesitzer.

Während des Ersten Weltkrieges war der Großvater als Soldat in Belgien und Frankreich eingesetzt. Seine Urkunde zur Verleihung des Eisernen Kreuzes Zweiter Klasse hängt noch in meinem Arbeitszimmer. Die Großmutter schlug sich mit ihren sechs Kindern allein mehr schlecht als recht durch. Lange Zeit sorgte sie noch für ein sogenanntes Kostkind, das heißt sie gab einem Kind Verpflegung und Wohnung und übernahm auch dessen Erziehung. Dafür bekam sie etwas Geld von der ledigen Mutter, die in München berufstätig war und nur hin und wieder ihr Kind besuchen konnte. Eine Auszeichnung erhielt sie dafür natürlich nicht.

Die Familie meiner Mutter: Großvater als Soldat auf Urlaub mit seiner Frau und den sechs Kindern. In der Mitte die Mutter, auf die vermutlich die Firmpatin ihre Hand gelegt hat.

Die Großmutter litt an einem sogenannten offenen Fuß, der ihr starke Schmerzen bereitete. Da ich zwischen den Großeltern schlief, wurde ich manchmal durch ihr Stöhnen wach. Der offene Fuß musste jeden Tag zweimal mit einer schwarzen Salbe eingeschmiert und frisch verbunden werden. Meine Aufgabe war es dann, die abgenommene Binde wieder sauber aufzuwickeln für die weitere Verwendung.

Tagsüber kümmerte sich die Großmutter um mich. Sie goss mir nach dem Aufstehen in der Küche mit der Handpumpe kaltes Brunnenwasser in die kleine emaillierte Waschschüssel und passte auf, dass ich mich richtig wusch. Zum „richtig waschen" gehörte neben Händen und Gesicht auf jeden Fall der Hals. Da ich natürlich den ganzen Tag barfuß herumlief, war abends auch eine Fußwaschung fällig. Den noch wenig entwickelten Drang nach Sauberkeit glich der regelmäßige Hinweis aus, bei nicht gründlich gewaschenen Füßen könne ich einen Baumhackel bekommen, wie der Schorf mit Rissen in der Haut hieß.

Wenn der Großvater vom Holz, so nannten wir den Wald, heimkam, erledigte er zuerst die Stallarbeit. Anschließend saßen wir in der Stube und löffelten aus einer Schüssel, die in der Mitte des Tisches stand, unsere Suppe, den Schmarrn oder die Röstkartoffeln. Vor und nach dem Essen beteten wir kniend und meiner Vorstellung nach viel zu lange. Je nach Wetter setzte sich nach dem Abendessen der Großvater auf die Bank vor dem Haus oder auf das Kanapee in der Wohnstube, um sich in die Zeitung zu vertiefen. Ich saß bei ihm. Manches las er laut vor. Dabei schwindelte er oft etwas in die Zeitung hinein, was gar nicht drinstand, mich aber persönlich interessieren musste. Zum Beispiel, wie es meiner Mutter ging und ob sie Zeitlang nach mir habe, wann der Vater mich besuchen wolle oder dass bei uns daheim auf dem benachbarten Bauernhof, beim Gerbl, ein Fohlen, bei uns hieß es ein „Heiß", zur Welt gekommen war.

Der Großvater erzählte gerne, während ich mit ihm unterwegs war. Aufmerksam hörte ich ihm zu, wenn er mich in den kleinen Leiterwagen, das Heuwagerl, setzte und mit mir in den Wald, auf ein Feld oder in das Dorf fuhr. Auch zum Schwammerlsuchen nahm er mich mit. Ich musste Ausschau halten nach Steinpilzen und Reherln. Abends kochte dann die Großmutter eine Schwammerlsuppe, zu der es ein Stück Brot gab. Warum diese Suppe nicht aus einer großen Schüssel für alle gelöffelt wurde, sondern jeder einen Teller bekam, weiß ich nicht. Ich mochte sie nicht, weil immer viel Petersil drin schwamm, vor dem es mir grauste. Natürlich musste ich trotzdem meinen Teller leeren.

Am Sonntagvormittag war der Kirchenbesuch fällig. Nachmittags durfte ich den Großvater ins Dorfwirtshaus begleiten. Da saß ich dann still zwischen den Männern, deren Gespräche ich höchstens zum Teil verstand. Obwohl sie alle nur ihr Bier tranken und nichts aßen, bekam ich immer entweder ein Paar „Dünne", wie die Wiener, oder eine „Dicke", wie die Regensburger hießen. Dazu drückte mir die Wirtin eine Semmel in die Hand. Damit diese besser hinunterrutschte, durfte ich auch einige Male einen Schluck Bier aus dem Maßkrug nehmen. Die Semmeln waren damals noch viel größer als heute.

Weil der Großvater mit mir redete und viel erzählte, mochte ich ihn von den vier Großeltern am liebsten. Auch er hatte mich gern. War ich doch sein erster Enkel und hieß Hans wie er. Besuchte er uns in meinem Elternhaus, dann brachte er immer ein paar Würste mit. Das beeindruckte ganz anders, als wenn der andere Großvater zu Besuch kam und mir 50 Pfennige schenkte mit der Bemerkung, ich solle das Geld nur ja in meine Sparkasse werfen.

Das Haus der Großeltern in Hörlkofen. Großmutter und Großvater sitzen auf der Bank.

17

Arm kamen wir uns nicht vor

Aus heutiger Sicht war mein Vaterhaus armselig. Empfunden haben wir drei Brüder das ebenso wenig wie die Eltern. Die beiden Großväter hatten wohl entscheidend mitgeholfen und den Erwerb des fast neuen Häuschens ermöglicht, bei dessen Bau sich der Vorbesitzer, ein Schneider, übernommen hatte. Der Hauptgrund für den Kauf war, dass auch mein Vater Schneider war. Er konnte also den Handwerksbetrieb weiterführen. Die Mutter, sie hatte den damals häufigen und wichtigen Beruf einer Näherin erlernt, wollte zwar nach ihrer Heirat weiter nähen, aber fing zugleich eine Krämerei an. Das war der dritte Laden in unserem Dorf mit seinen gut hundert Häusern. Über der Haustüre konnte man in großer schwarzer Schrift auf dem weißen Verputz lesen: „Kolonialwaren u. Maßschneiderei von Georg Niedermayer".

Unser Einfamilienhaus hatte im Parterre drei Zimmer und einen Raum mit Betonboden, den wir Waschhaus nannten. Trat jemand durch die Haustüre, so schrillte die mechanische Klingel. Vom Hausgang aus konnte der Kunde durch eine zweite Türe nach rechts in den kleinen Laden gehen. Die Mutter kam dann aus dem gegenüberliegenden Raum, der Stube, ebenfalls in den Laden. Die

*Das Elternhaus.
Ausschnitt aus einer Ansichtskarte.*

Wir zwei älteren Brüder.
„Friede" mit der damals
auch für kleine Buben
üblichen Schürze. Seine
Holzschuhe sollten nicht
auf das Bild; sie stehen
deswegen vor der Gred.
Die Aufnahme entstand
vor einem benachbarten
Bauernhaus.

Stube war Schneiderwerkstatt, Küche und Wohnzimmer zugleich. Laden und Stube mit dem Hausgang dazwischen machten die ganze Längsseite des Hauses aus.

Hinter dem Wohnraum, in dem sich meine Kindheit weitgehend abspielte, lag das Schlafzimmer der Eltern und von uns Kindern. Als zunächst einziges Kind schlief ich in einem Kinderbett, dem Bettstadl, am Fuß des Ehebetts. Als mein Bruder zur Welt kam, war sein Platz zunächst zwischen den Eltern. Und als der zweite Bruder die Familie vollständig machte, wurde noch eine Liege in das sowieso schon zu kleine Schlafzimmer gestellt. Entschärft wurde die Situation dadurch, dass der Vater bald in die Wehrmacht einrücken musste, so dass immer mindestens einer von uns drei Buben, meistens aber zwei, neben der Mutter Platz fanden.

An der Stirnseite des Ehebetts hing eine Schnur von der Decke. Wenn man an ihr zog, wurde das Licht an der Decke eingeschaltet. Nachttischleuchten kannten wir nicht. Unter dem Bett stand der Nachttopf, „das Hafe". Musste einer von uns Wasser lassen, rief er „Biesen!" Die Mutter knipste dann das Licht an, der Bub holte den Nachttopf hervor und verrichtete stehend sein Geschäft. Sobald er wieder unter die Decke gekrochen war, zog die Mutter wieder an der Schnur. Einmal passierte es mir, dass ich schlaftrunken beim Griff unter das Bett nicht den Nachttopf, sondern einen Schuh erwischte. Die Mutter merkte es gerade noch rechtzeitig und rief laut, was ich denn mit dem Schuh wolle. Die Schuhe unter dem Bett waren meine neuen Skischuhe, auf die ich besonders stolz war wegen ihrer Messingbeschläge und die ich deswegen unter das Bett gestellt hatte. Skier hatte ich natürlich keine. Diese festen Schuhe waren einfach meine Winterstiefel.

Onkel Hans als junger Mann mit einem von ihm selbst geschneiderten Anzug.

Natürlich stand im Schlafzimmer kein Ofen. Wenn es besonders kalt war, füllte die Mama die Wärmflasche mit heißem Wasser aus dem Grandl, einem kleinen, in den Herd eingelassenen Warmwasserspeicher. Mit der bauchigen Zinkflasche wurden dann nacheinander die Stellen gewärmt, wo die einzelnen Hintern zu liegen kamen. Betreten ließ sich das Schlafzimmer nur von der Wohnstube aus. Bei den Großeltern wurden anstatt einer Wärmflasche im Backrohr erhitzte Fuchsschwänze, so hießen die flachen Dachplatten, verwendet und jeder in ein Tuch eingewickelt. Der Vorteil dieser Methode: Man musste sich den Wärmespeicher nicht teilen, sondern jeder bekam einen Ziegel in sein Bett. Ein eigenes Schlafzimmer erhielten wir zwei älteren Brüder erst nach dem Krieg. Das war ein kleiner Mansardenraum im Obergeschoss, der nun nicht mehr vermietet wurde.

Die Wohnstube war der hellste Raum im Haus, sie hatte vier Fenster, davon zwei zur Straße hin. Die Seite mit den beiden Fenstern zum Garten hin war sozusagen die Schneiderwerkstatt. Hier stand der Schneidertisch, auf dem der Vater sitzend nähte, daneben seine mit Fußpedal betriebene Nähmaschine und rechts von dieser die der Mutter. Der im Raum stehenden Büste konnte man halbfertige oder fertige Sakkos oder Mäntel anziehen, vor allem frisch gebügelte, die auf die Abholung durch einen Kunden warteten.

Die Kücheneinrichtung bestand aus dem Kochherd, der zugleich der einzige Wärmespender im ganzen Haus war, aus dem Tisch an der Wand zur Straße hin mit zwei Stühlen und einem Hocker. Als die Familie wuchs, wurde beim Schreiner eine kleine Bank für zwei Buben bestellt, die dann an der Wand hinter dem etwas vorgerückten Tisch stand. Irgendwann kam auch noch eine kleine Anrichte für die emaillierten Kochtöpfe, die große und die kleine Pfanne – letztere hieß Ochsenaugenpfandl, weil die Spiegeleier „Ochsenaugen" hießen – und den eisernen Kessel für die Dampfnudeln dazu. Der Tisch und die Stühle mit dem dazugehörigen Küchenschrank waren das Werk des einzigen Bruders meiner Mutter, des Onkel Hans. Obwohl er eigentlich das Schneiderhandwerk erlernt hatte, hielt seine Küche jeden Vergleich mit den Arbeiten der Dorfschreiner aus. Der Schrank war zweigeteilt und hellgrün gestrichen, das Oberteil hatte zwei Glastüren mit Vorhängen.

Als 1945 amerikanische Soldaten einige Tage unser Haus beschlagnahmt und darin eher gehaust als gewohnt hatten, fehlten unter anderem auch diese beiden Vorhänge. Wir wunderten uns über diesen merkwürdigen Diebstahl. Als Monate später unsere Versitzgrube geleert wurde, kamen die Vorhänge wieder zum Vorschein. Die Amis hatten sich mit ihnen die Hintern geputzt. Unser für diesen Zweck am Örtchen hängendes, zerschnittenes Zeitungspapier war ihnen offenbar nicht fein genug gewesen. Toilettenpapier kannten wir nicht. Da nicht alle Familien eine Zeitung hielten, fanden in anderen stillen Örtchen auch gebrauchte Stranitzen, also Einkaufstüten, ihre nachhaltige Verwendung.

Unser einziges wirkliches Wohnmöbel war das Kanapee. Vater oder Mutter ruhten sich auf ihm tagsüber kaum aus. Wir Buben hüpften gerne darauf herum, da die Stahlfedern unsere Sprungkraft verstärkten. Umkämpft war der warme Sitzplatz auf der Lehne direkt neben dem Herd. Einmal verlor mein Bruder Friede das Gleichgewicht. Er fiel mit dem Gesicht auf die heiße Platte, an der dann ein Fetzen seiner Haut klebte. Der Streit um den warmen Platz war daraufhin einige Zeit weniger heftig. In der Ecke rechts vom Herd befand sich der einzige Wasserhahn des Hauses. Am Boden stand ein hoher Wassereimer. Ein Stück Gartenschlauch diente nicht nur dazu, dass das Wasser in den Eimer geleitet wurde. Was in der Schule das Tatzensteckerl war, war daheim der Schlauch, nämlich ein wichtiges Erziehungsmittel. Meistens genügte die Drohung mit ihm. Ein kleines Waschbecken unter dem Wasserhahn bekamen wir erst nach dem Krieg.

Hinter dem Krämerladen lag das sogenannte Waschhaus. Hier

Die drei Brüder Siegfried („Friede"), Hans („Hanse") und Hermann („Mannde").

schrubbte die Mutter die am Küchenherd ausgekochte Wäsche. In den dicken Deckenbalken hatte man zwei Eisenhaken geschlagen. So war es möglich, ein geschlachtetes Schwein zum Ausnehmen und Auskühlen aufzuhängen.

In diesen Raum war auch der Abort hineingemauert. Anders als bei den Bauernhäusern, wo das Holzhäuschen mit dem ausgeschnittenen Herzen am Misthaufen stand und nur durch einen Gang über den Hof zu erreichen war, brauchten wir nicht ins Freie, wenn wir mussten. Da wir keine Landwirte waren, besaßen wir auch keinen richtigen Misthaufen, sondern nur eine betonierte Versitzgrube. Natürlich war auch unsere Toilette nur ein Plumpsklo. Eine Spülung hatten wir nicht einmal im Schulhaus.

Kurz vor dem Krieg ließen die Eltern zwei Mansardenzimmer ausbauen, die dann vermietet wurden. Unsere Wohnungsleute, ein

23

kinderloses Ehepaar, musste das Wasser in unserer Wohnküche holen. Zwischen den vermieteten Zimmern wurde zur Straße hin eine Dachgaube eingefügt, die ein kleines Zimmer ergab, das später, wenn ich auf Ferien heimkam, mein Schlafzimmer war. Beide Seitenwände dieses kleinen Raumes hatten kleine Holztüren, durch die man gebückt in die seitlichen Speicher gelangen konnte. Das Dach war ohne jede Verschalung. Wenn es zu Schneeverwehungen kam, mussten wir viele Eimer voll Schnee vom Dachboden holen.

Das Haus war nur zu einem kleinen Teil unterkellert. Der Kellerboden bestand aus Ziegelsteinen. In dem einzigen Regal standen die Einmachgläser, im Herbst und Winter wurden hier auch die Äpfel und Birnen gelagert. Auf dem Boden stand im Winter ein großes Bonbonglas aus dem Laden, in dem die Eier mit Wasserglas, einem damals üblichen chemischen Konservierungsmittel, eingelagert wurden. Schließlich legten die Hühner der Bauern im Winter kaum. Im Keller befand sich auch das Sauerkrautfass. An einer Wand des Kellers waren die Briketts aufgestapelt. Anders als die Landwirte des Dorfes, die alle eine Torfwiese mit einem Torfstich im Moos besaßen und mit getrocknetem Torf heizten, bekamen wir Brennholz vom Großvater und mussten Kohlen kaufen.

Müllabfuhr gab es im Dorf keine. Und Müll fiel auch kaum an. Papier verwendete man zum Anheizen des Ofens und als Klopapier. Glasscherben, nicht mehr verwendbare Blechdosen und löcherige Emailletöpfe wurden bei uns ebenso wie bei allen anderen auch in einen versteckten Winkel des Grundstücks geworfen. Altes Eisen wurde aufgespart, bis es ein Altwarenhändler für ein paar Pfennige mitnahm. Alles, was heute als Biomüll in die grüne Tonne gehört, kam auf den Misthaufen. Weil wir keine Landwirte waren, war unser Misthaufen recht klein, eigentlich nur eine kleine Grube hinter dem Haus und unter unserem einzigen Apfelbaum.

Schaukelpferd und Ordensburg

Das früheste Spielzeug, an das ich mich erinnern kann, war mein Schaukelpferd. An einem Heiligen Abend stand es unter dem Christbaum. Also hatte es das Christkind gebracht. Es war ein Schimmel mit schwarzen Flecken. Den Rumpf bildete ein Stück Rundholz. Der Hals mit dem Kopf und die Beine waren aus einem Stück Brett herausgesägt und in den Rumpf eingelassen. Aus dem Kopf ragte auf beiden Seiten ein Holzgriff zum Einhalten. Der Schweif bestand aus einem Stück aufgelöstem Hanfseil. Wie bei Schaukelpferden üblich konnte man auch das meine entweder ziehen oder auf ihm schaukeln.

Ein Glücksgefühl kam bei diesem Weihnachtsgeschenk nicht auf. Als schüchternes Kind habe ich meinem Vater zu zaghaft geschaukelt, nachdem er mich auf das Pferd gesetzt hatte. Er half so

Im Gemüsegarten neben unserm Haus. Man sieht links Bohnenstangen und rechts Johannisbeersträucher. Siegfried auf unserem Schaukelpferd. Ich trage eine Stoffhose als Lederhosenimitation, wie sie in meiner Kindheit häufig von Buben getragen wurde.

schwungvoll nach, dass sich das Ross nach vorn überschlug und ich unter dem Christbaum lag. Genutzt wurde es anscheinend trotzdem fleißig. Denn Jahre nach meinem einzigen Reitunfall schickte mich die Mutter mit dem Pferd zum Schreiner und dann zum Sattler: Der Gaul musste farblich aufgefrischt werden und brauchte einen neuen Schweif. Er wurde dann zum Christkindl für den jüngsten Bruder.

An einen kleinen Pferdestall mit zwei Gipsrössern, auch ihn hatte mir das Christkind gebracht und zwar auf dem benachbarten Bauernhof, wo ich fast zuhause war, erinnere ich mich nur noch vage. Einen nachhaltigeren Eindruck hinterließ ein mit einem Schlüssel aufziehbarer, feuerspeiender Tank. So hießen damals noch die Panzer. Er stand 1939 oder 1940, also an einem der beiden ersten Kriegsweihnachten, unter dem Christbaum. Kriegsspielzeug liebten wir Buben ganz besonders und die Erwachsenen hatten noch kein Sensorium für die Fragwürdigkeit solcher Geschenke, noch dazu an Weihnachten.

Mein sehnlichster Weihnachtswunsch ging Anfang der Vierziger Jahre in Erfüllung: Ich erhielt eine Burg. Sie war aus Holz und so bemalt, dass sie wie gemauert aussah. Es handelte sich um eine mittelalterliche Ritterburg mit Palas, Burghof, Burgtor und einer Zugbrücke, die mit einer kleinen Kette geöffnet und geschlossen werden konnte. Auf dem Bergfried steckte eine kleine blecherne Hakenkreuzfahne. Ein Soldat in der feldgrauen Wehrmachtsuniform spähte vom Turm aus mit dem Feldstecher nach dem Feind. Er war ebenso aus Gips wie die wenigen anderen Soldaten: einer stand Posten im Wachhäuschen am Burgeingang, einige Infanteristen zielten mit ihren Gewehren liegend, kniend oder stehend auf die imaginären Gegner. Einer von ihnen war dadurch als Offizier ausgewiesen, dass er keinen Karabiner, sondern eine Pistole hielt und an seiner Koppel eine kleine Ledertasche für Landkarten hing. Die Burg hat uns drei Brüdern standgehalten, ihre Besatzung nicht: Die Gipsfiguren brachen leicht, wenn sie vom Tisch fielen oder nass wurden.

Noch wichtiger war für mich und dann auch für die jüngeren Brüder unsere Eisenbahn. Auch sie war ein Weihnachtsgeschenk. Spielsachen während des Jahres gab es bei uns nicht. Auf einem Oval aus Gleisen, das auf unserem kleinen Küchentisch leicht Platz hatte, drehte ein Zug seine Runden. Ähnlich wie der Tank wurde die Lokomotive mit einem Schlüssel aufgezogen. Unmittelbar hinter der Lok hing der Kohlewagen. Dann erst folgten die drei Personenwagen. Dieses Blechspielzeug erwies sich als sehr stabil. Irgendwann war die Blechkarosserie der Lokomotive stark verbeult. Wir montierten die Blechverkleidung ab und ließen die Lok ohne sie laufen. Der Unterbau funktionierte weiter, die nun sichtbare Feder zum Aufziehen auch. Schließlich funktionierten wir die Eisenbahnlokomotive zu einer „Straßenbahn" um, indem wir sie bei schönem Wetter vor unserem Haus auf der Dorfstraße ohne Gleis fahren ließen und darin wetteiferten, bei wem sie nach einmaligem Aufziehen am längsten nicht umstürzte und am weitesten fuhr.

Mein letztes Spielzeug, das ich überhaupt bekam, erhielt ich an Weihnachten 1944: Zu kaufen gab es da längst keine Spielsachen mehr. Die Hitlerjugend hatte im provisorischen Jugendheim des Dorfes mit Holz Weihnachtsgeschenke gebastelt. Unsere Mutter durfte sich für jeden von uns drei Brüdern aus dem bescheidenen Angebot ein Stück aussuchen. Für meinen jüngsten Bruder brachte sie eine kleine Holzente auf Rädern heim. Ich bekam als ältester einen hölzernen Bogen mit einem Pfeil. Der Bogen hat die Feiertage nicht überlebt. Er hielt nicht einmal der Muskelkraft von uns Kindern stand und brach. An das Spielzeug, das die Mama für den Bruder Friede brachte, erinnere ich mich nicht mehr.

Mehr als einmal haben wir unser Weihnachtsgeschenk bereits vor dem Heiligen Abend auf dem Kleiderschrank im Schlafzimmer aufgestöbert. Natürlich behielten wir unsere Entdeckung dann für uns und zeigten uns bei der Bescherung freudig überrascht.

Schneidersitz und Schneiderschere

In die Schneiderei meines Vaters kamen keineswegs nur Kunden, die sich aus der Mustersammlung einen Anzugstoff aussuchen wollten, zum Maßnehmen oder zur Anprobe bestellt waren, eine fertige Arbeit abholten oder auch nur wegen der Teilnahme an einer Hochzeit ihren guten Anzug bügeln ließen. Manche Männer kamen einfach zum Ratschen. Der Schneider war ja fast immer daheim anzutreffen. Vor allem aber konnte man sich in seiner Stube aufwärmen. Außerdem sparte man sich einen Wirtshausbesuch, bei dem man ja mindestens eine Halbe Bier hätte bestellen müssen, und erfuhr trotzdem, was es im Dorf Neues gab.

Manche, die zum ersten Mal den Schneider besuchten, waren überrascht, wenn der Vater auf seinem Tisch sitzend nähte. Sie wussten nicht, dass das bei den Schneidern üblich war. Gestanden sind sie ja nur beim Ausschneiden eines Tuches oder beim Bügeln. Und auf einem Stuhl saßen sie nur, wenn sie an der Nähmaschine beschäftigt waren.

Besonderen Eindruck machte auf Besucher die Schneiderschere. Sie war viel größer als die Scheren, die im Haushalt verwendet werden. Auch das Bügeleisen fiel auf. Während vor dem Siegeszug der elektrischen Bügeleisen die Frauen ein Eisengerät benutzten, das hohl war und in das man glühende Holzkohlen einlegte, war das Bügeleisen des Vaters aus massivem Eisen und viel schwerer. Es hatte einen abnehmbaren Griff. Erhitzt wurde es auf dem Küchenofen oder indem es ohne den hölzernen Griff von oben in den geheizten Ofen gelegt wurde. Die Herdplatte hatte ja in der Mitte herausnehmbare Eisenringe und einen Deckel. So war es auch möglich, Töpfe verschiedener Größe auf das offene Feuer zu stellen. Für uns Kinder und sicher auch für die Mutter war die Stimmung des Vaters deutlich daran zu erkennen, ob er das Eisen ruhig auf den

Ofen stellte oder es einfach darauf warf. Ohne etwas zu sagen, ließ er uns so seine schlechte Laune oder Verärgerung spüren.

Unscheinbarer, aber nicht weniger wichtig waren für die Schneiderei die Fadenspulen, das Nadelkissen, der Fingerhut aus Blech, das Maßband, der Pfriem und die weiße Kreide. Pfriem heißt der von Schustern oder Schneidern benützte Stift zum Durchstechen von Leder oder Tuch. Alle diese kleinen Gegenstände lagen auf dem Fensterbrett. Ein aus Stoffresten zusammengeknüpfter Waschl in einer kleinen, mit Wasser gefüllten viereckigen Blechschüssel diente zum Besprengen des Tuches beim Bügeln.

Der Fingerhut des Schneiders verdient diesen Namen eigentlich nicht. Anders als beim Fingerhut der Näherin, der vorne geschlossen ist und die Fingerkuppe wie ein Hut den Kopf bedeckt, benutzen die Schneider einen Fingerreif. Bei beiden Modellen ist die Fläche außen aufgeraut, damit die Nadel nicht abrutscht, wenn sie durch einen Druck auf den Nadelkopf durch den Stoff gedrückt wird.

Eine meiner regelmäßigen kleinen Arbeiten war es, den Abfall an Lumpen zusammenzukehren und in einer großen Schachtel aufzusparen. Kam dann ein Lumpensammler – wir nannten ihn „Haderlumper" – ins Dorf, so wurden ihm die angesammelten Lumpen für einen Pfennigbetrag verkauft.

Als mein Vater 1945 nach dem Krieg wieder zuhause schneidern konnte, gab es keine Stoffe mehr zu kaufen. Seine Arbeit in dieser Nachkriegszeit bis hin zur Währungsreform bestand fast nur darin, gebrauchte Anzüge, Sakkos und Mäntel umzuarbeiten. Die Stücke mussten dann erst einmal aufgetrennt werden. Diese Arbeit schätzte Vater gar nicht, vermutlich war sie unter seiner Würde. Mit einer gebrauchten Rasierklinge bewaffnet, saß ich viele Stunden bei ihm und trennte die Nähte auf. Dabei kam es darauf an, das Tuch möglichst nicht zu beschädigen. Sollte aus einem alten Anzug oder Mantel für ein Kind etwas Neues entstehen, dann reichte der

Stoff leicht, und man musste nicht so höllisch aufpassen. Manchmal sollte ein Stück einfach gewendet werden. Es durfte dann nicht kleiner ausfallen, als es vorher gewesen war. In so einem Fall durften beim Auftrennen möglichst gar keine Patzer passieren.

Der häufigste Wunsch war aber die Verwandlung einer Uniform in einen Trachtenanzug. Sowohl die graugrünen Wehrmachtsuniformen als auch die eher ins Blaue gehenden der Luftwaffe kamen dafür in Frage. Die Jacken wurden aufgetrennt, gewendet und neu zusammengenäht. Dabei wurde der Trachtencharakter durch die schmalen grünen Baspolränder, einige aufgenähte grüne Eichenblätter an Schultern und Ärmeln und die anstelle der blechernen Uniformknöpfe verwendeten Hirschhornknöpfe erreicht. Die kleinen Mengen an grünem Tuch erhielt mein Vater, indem er einen irgendwo übriggebliebenen Stoffflecken in der Färberei der nahen Kreisstadt entsprechend einfärben ließ.

Da er Soldat bei den Gebirgsjägern gewesen war, hatte er für seine Kameraden während des Krieges oft die bei dieser Truppe üblichen Mützen genäht. Nach seiner Heimkehr fertigte er für seine Kunden und natürlich auch für seine drei Buben solche „Skimützen" an. Sie waren damals in unserem Dorf die häufigste männliche Kopf-

Ein Heimkehrertreffen in Eitting nach dem Krieg. Vater kniend als fünfter Mann von links.

bedeckung. Mit dem Skilaufen hatten diese Mützen zumindest bei uns nichts zu tun. Weder gab es Skier noch einen Hang, den man hinunterfahren hätte können. Und zum Skifahren in die Berge zu fahren, war auf dem flachen Land noch unvorstellbar.

Mein Wissen über die Vorgänge im Dorf und in der Welt gewann ich fast nur vom Zuhören in der Schneiderei des Vaters oder im Laden der Mutter. Waren es beim Schneider fast immer Männer, die hier erzählten, so standen im Laden meistens Frauen, die ratschten. Alte Männer hörte ich noch vom „Siebzigerkrieg" reden, etwas jüngere vom Ersten Weltkrieg und die Jüngeren saßen, wenn sie als Soldaten auf Heimaturlaub waren, gerne beim Vater und schilderten ihre Erlebnisse an der Front.

Manchmal ersetzte die Schneiderei auch einen Warteraum. Sehr gut erinnere ich mich an einen Bauernsohn aus dem Nachbardorf,

Vater als Soldat vor einem Bunker in Norwegen

der 1945 nach seiner Rückkehr aus dem Krieg um eine Bauerntochter aus unserem Dorf warb. Mit dem Fahrrad kam er abends und saß dann bei meinem Vater. Hin und wieder ging er vor das Haus und schaute zum Haus seiner Angebeteten. Erst wenn dort kein Licht mehr brannte und er so wusste, dass die Familie ins Bett gegangen war, verabschiedete er sich und brach zum Kammerfensterln auf. Leider führte der regelmäßige Besuch am Fenster nicht zu dem gewünschten Erfolg. Das Mädchen, es hieß Kathi, nahm sich einen anderen aus unserem Dorf, und der Brautwerber, er hieß Ignaz und wurde „Naze" genannt, fand später auch eine Frau.

Weil mein Vater in mehreren Dörfern bei seiner Kundschaft herumkam und die Schneiderstube eine kleine Nachrichtenzentrale war, versuchte er sich mitunter auch als Heiratsvermittler. Als Heranwachsender habe ich jedoch nur einen Fall mitbekommen, wo er als Schmuser erfolgreich war und die Einheirat eines Bauernsohnes in ein kleineres Anwesen zustandebrachte.

Bei den Bauern war ein Schneider eher nicht angesehen. Er hatte keinen größeren Grundbesitz und keine Pferde. Im Wirtshaus gehörten Schneider und Schuster an den Tisch der Kleingütler, die bei uns „Häuslleute" genannt wurden. Ein Schneider hatte das Image eines schmächtigen Mannes, er war „hupfgring" und besaß nicht viel Kraft, hatte wahrscheinlich deswegen dieses Handwerk gelernt, weil es keine besonderen Ansprüche an die Körperkräfte stellte. Die Angeseheneren im Dorf durften auch die Beleibteren sein. Ein beliebter Spruch hieß daher: „Ein magerer Bräu ist seltener als ein dicker Schneider."

Trotzdem war die Kraft meines Vaters manchmal gefragt: Wenn im Sommer alle Mannsbilder bei der Feldarbeit waren, eine Bäuerin allein im Haus war und eine Kuh kalbte, erinnerte sie sich daran, dass der Schneider wahrscheinlich daheim sei. So holte man ihn immer wieder einmal als Geburtshelfer, zum „Kaiwiziagn".

Zweierlei gab es, was meinen Vater bei den Kunden ärgerte:

Brachte einer einen Anzug- oder Mantelstoff in die Schneiderei, um sich daraus ein Stück nähen zu lassen, so kam prompt die Frage des Vaters, ob der Kunde diesen Stoff, der nichts tauge, bei einem Hausierer gekauft habe. Auf die Frage nach dem bezahlten Preis und die Auskunft darüber folgte dann stets die Bemerkung, dieses Tuch sei den genannten Preis nicht wert. Natürlich konnte man beim Vater aus einem großen Musterkatalog Stoffe bestellen. Und der Verkauf von drei Meter Tuch, die für einen Anzug normaler Größe verbraucht wurden, warf für den Schneider vermutlich mehr ab als die Arbeit am Anzug.

Ähnlich war es, wenn ein Kunde ein fertig gekauftes Stück Oberbekleidung zum Abändern, Flicken oder auch nur zum Annähen abgerissener Knöpfe zu uns brachte. Der Vater ereiferte sich dann über diese Konfektionsware, die niemals richtig sitze, deren Tuch indiskutabel schlecht sei und bei der nicht einmal die Knöpfe hielten. Während der Schneider gegenüber den Hausierern einiger-

Die noch vierköpfige Familie um 1940, als Vater noch nicht zur Wehrmacht eingezogen war.

33

maßen erfolgreich war, weil die Hausierer immer seltener kamen und weil die Kunden ein zweites Mal einen so erworbenen Stoff dem Vater nicht zur Verarbeitung zuzumuten wagten, hat er aber den Kampf gegen die Fertigkleidung verloren.

Ein Schuster und vier Wirtshäuser

Im Dorf gab es einen zweiten Schneider. Brachte nun ein Kunde ein Stück zum Ausbessern oder Abändern zu uns, das der andere genäht hatte, so wurde deutliche Kritik an dem Murks geübt, den nur der Konkurrent zusammengeschustert haben konnte. Weil ich bloß die eine Seite hörte, hielt ich meinen Vater für den tüchtigeren Meister. Zu recht oder nicht? Ich kann es nicht beurteilen. Modeschöpfer waren beide nicht. Danach fragte aber auch niemand. Entscheidend war, dass ein Gewand nicht zwickte, sondern passte. Bei den Kleidungsstücken für Heranwachsende war wichtig, dass sie möglichst lange getragen werden konnten, also am Anfang eher zu groß waren.

Während die beiden Schneider und der Schuster nur ihr Haus mit einem Gemüsegarten ihr eigen nannten, betrieben die anderen Handwerker auch eine kleine Landwirtschaft. Am wichtigsten waren die beiden Schmiede. Ich kam nur in die Schmiede im oberen Dorf. Hier ließen die Bauern aus unserer Dorfhälfte ihre Pferde und Ochsen beschlagen. Diese Arbeit geschah vor der Werkstatt unter einem Vordach. Auf dem Schulweg blieben wir oft stehen und beobachteten, wie das Horn der Tiere rauchte, wenn der Schmied ein glühendes Hufeisen an den Huf anpasste, und wie dann die Hufnägel eingeschlagen wurden, ohne dass man bei den Tieren einen Schmerz oder auch nur eine besondere Unruhe feststellte. Der Schmied reparierte außerdem die Pflüge und die wenigen in der Landwirtschaft üblichen Maschinen. Hatte einer beim Wagner einen neuen Wagen anfertigen lassen, so war der Schmied für alle Eisenteile zuständig, vor allem für die Eisenreifen um die hölzernen Wagenräder.

In seine rußige Werkstatt kam ich, wenn wieder einmal ein Tiegel ein Loch hatte und rann. Dann schickte mich die Mutter mit dem lecken Gefäß zum Schmied mit der Bitte, das Loch zuzulöten. Ich stand mit meinem Tiegel da und wartete, bis der Schmied von seiner Arbeit an Esse und Ambos aufsah und sich meinen Wunsch anhörte. Wahrscheinlich hielt er das Löten von Tiegeln für eine Arbeit, die unter seiner Würde war. Sie brachte ihm natürlich auch nicht viel ein. So ließ mich der Meister nicht nur länger stehen und warten; ich musste auch mehrmals gehen und nachfragen, bis er die kleine Arbeit erledigt hatte.

Unmittelbar neben dem oberen Schmied war die einzige Wagnerei des Dorfes. Hier werkelte jeden Tag von früh bis spät der On-

Der obere Schmied Hans Hausruckinger vor seiner Werkstatt.

35

kel Nikolaus. Onkel nannten wir ihn, weil einer unserer Mitschüler sein Neffe war und ihn so nannte. Während sich der Wagnermeister lieber um seine Landwirtschaft kümmerte und mehrere Jahre das Bürgermeisteramt versah, war sein taubstummer und unverheirateter Bruder, auch er ein gelernter Wagner, immer in der Werkstatt anzutreffen. Wir Kinder schauten ihm interessiert bei der Arbeit zu und er hatte es offenbar gern, uns um sich zu haben. Natürlich ging es uns nicht darum, dem wahrscheinlich einsamen Junggesellen Gesellschaft zu leisten. Wir warteten nur darauf, dass wir abfallende Holzstücke geschenkt bekamen. Diese „Holzstecke" waren als Spielzeug und zum Basteln sehr gefragt.

Deshalb ließ ich mich auch nicht ungern in eine der beiden Schreinereien schicken, wenn ein Stuhl repariert oder ein Brett besorgt werden musste. Interessant war der Besuch einer solchen Werkstatt immer. Standen doch nicht nur halbfertige Türen und Fenster mit den passenden Stöcken herum, sondern auch alle möglichen Möbel vom Hocker bis zum Tisch, zur Bettstatt und zum Küchenschrank. Gruselig war es, wenn ich gerade dazukam, wie der Schreiner einen Sarg zimmerte oder in einen schon fertigen Sarg Sägespäne füllte, damit die aufzubahrende Leiche hoch genug zu liegen kam.

Selbstverständlich haben die Schreiner alles, was sie herstellten, auch angestrichen. Einen Maler gab es im Dorf nicht. Das „Weißeln" von Zimmern und Fassaden erledigte jede Familie selbst.

In die Werkstatt des einzigen Sattlers kam ich selten. Einmal musste ich das Schaukelpferd vom Schreiner, der das Holzpferd neu gestrichen und die eisernen Räder repariert hatte, zum Sattler tragen, damit dieser den Schweif erneuerte.

Ich war auch dabei, als mein Großvater dem Sattler eine Lieferung Seegras anbot, das zur Polsterung von Matratzen und Polstermöbeln diente. Als langjähriger Waldarbeiter durfte er im Wald seines Arbeitgebers dieses Gras für sich mähen, trocknen und verkaufen. Der Auftrag kam zustande. Und irgendwann fuhr der Großvater mit seinem einzigen Ochsen auf dem Heuwagen das Seegras die 15 Kilometer zu unserem Sattler. Die Sattlerarbeit lernte ich übrigens nicht in der Werkstatt, sondern in der guten Stube meines Bauern kennen. Der Meister kam nämlich mit seinem Gesellen jeden Winter für einen oder zwei Tage „auf die Stör", um die Pferde- und Ochsengeschirre zu reparieren. Für die Sattler wurde dann die Stube geheizt, was sonst nur am Heiligen Abend geschah.

Im Dorf gab es auch noch einen Zimmerer- und einen Maurermeister. Sie brauchten keine Werkstatt. Wir Kinder beobachteten ihre Arbeit und die ihrer Gesellen und Lehrlinge auf den Baustellen.

Die beiden am Dorfbach stehenden Mühlen besuchte ich mit dem Vater, wenn wir ein Säckchen Mehl kauften, oder mit dem Bauern, wenn wir einige Sack Getreide hinfuhren und später das daraus gewonnene Mehl abholten. Eine der beiden Mühlen war ein hohes Gebäude mit einem Lastenaufzug. Weil einmal ein kleiner Bub, der zur Mühle mitfahren durfte, nicht genügend beaufsichtigt und dann vom nach unten fahrenden Aufzug erdrückt worden war, wurden wir Kinder bei jedem Besuch der Mühle von den Erwachsenen ermahnt, aufzupassen und nicht in die Nähe des Aufzugs zu gehen, damit es uns nicht gehe wie dem tödlich verunglückten Schnoatta Seppi.

Der einzige Bäcker des Dorfes verkaufte auch Lebensmittel. Auf dem Weg zur Schule durften wir uns öfter für vier Pfennige eine Breze oder eine Salzstange als Pausenbrot kaufen. Viele Landwirte hatten zwar auf dem Hof noch einen alten Backofen stehen, ließen aber ihre Brotlaibe in der Bäckerei backen. Auf einem Brett, das quer über den Schubkarren gelegt wurde, brachten die Bäuerinnen an bestimmten Tagen ihre großen runden Brotlaibe in die Backstube. Das mit dem Namen gekennzeichnete Brett wurde an die Wand vor der Backstube gelehnt. Am nächsten Tag wurden dann

Ansichtskarte mit Blick auf Eitting, dem Elternhaus, der oberen Mühle, dem Pfarr- und dem Schulhaus.

mit dem Schubkarren das Brett und die darauf gelegten fertigen Brote abgeholt. Der Brotvorrat reichte für einige Wochen. Kein Wunder, dass ein Stück frisch gebackenes Brot ein besonderer Genuss war.

Manche Hausfrauen ließen auch ihr Weihnachtsgebäck, die Lebkuchen und die „bachenen Guatl", beim Bäcker ausbacken. Einmal fanden wir auf der Dorfstraße im Schnee verstreut noch rohe Weihnachtsplätzchen. Einer Frau waren sie offenbar vom Schubkarren gerutscht, ohne dass sie es bemerkt hatte. Wir verfolgten die süße Spur bis vor die Bäckerei und aßen die teigigen eiskalten Plätzchen, ohne Bauchweh zu bekommen. Eine Teigschüssel auszulecken, das war auch in den Familien ein besonderes Kindervergnügen.

Schon früh wurde ich von der Mutter in eine der beiden Metzgereien geschickt, um ein halbes Pfund Rindfleisch mit Knochen für das werktägliche oder ein Stück Schweinefleisch für das sonntäg-

Ansichtskarte mit dem alten Pfarrhof (bis 1932), zu dem ein Tauben-kogel gehörte, dem Schulhaus und dem Lebensmittelgeschäft Heimbeck.

liche Mittagessen zu holen. Manchmal gehörte auch „um a Fuchz-gerl Streichwurst" für die Nachmittagsbrotzeit zum Auftrag. Beim Metzger kaufte jedes Kind gern ein, weil im Laden immer ein Radl Wurst als Lohn winkte.

Neben dem Bäcker, der auch Lebensmittel führte, und unserer Kolonialwarenhandlung, die mit der Schneiderei kombiniert war, gab es ein weiteres Lebensmittelgeschäft, dessen Besitzer gelernter Konditor war und auf Bestellung Torten buk, später dann auch zu-sätzlich eine kleine Limonadenfabrik betrieb.

Das zahlenmäßig am stärksten vertretene Gewerbe im Dorf wa-ren die Gastwirte. Es gab vier Wirtschaften: den Maierwirt, den Strasserwirt, den Postwirt und den Fischerbräu, der sein Bier selbst braute. Während fast alle Handwerksbetriebe, die ich als Kind er-lebte, inzwischen aufgegeben wurden, haben sich die vier Wirts-häuser bis heute erhalten. Auch die Brauerei existiert trotz des gro-ßen Brauereisterbens immer noch.

Minzenkugeln, Saupech und Zahnwehpulver

Nur wenige unserer Kunden nannten meine Mutter „Kramerin", die meisten redeten sie entsprechend dem Beruf ihres Mannes als „Schneidermam" an.

Wenn ich versuche, das Angebot unseres kleinen Ladens zu beschreiben, so muss ich zuerst sagen, was es bei uns nicht zu kaufen gab. Salat, Gemüse und Obst hatte jeder im eigenen Garten, das brauchten wir also nicht anzubieten. Mit Milch, Butter, Eiern und Hähnchen versorgten sich die Landwirte alle selbst. Die wenigen Familien ohne Landwirtschaft hatten alle einen Bauern, bei dem sie täglich die Milch holten und die anderen Erzeugnisse des Hofs kauften. Mehl holte man sackweise beim Müller, Brot und Semmeln beim Bäcker, Wurst und Fleisch bei den beiden Metzgern des Dorfes. Marmelade kochten sich die Leute alle selbst ein. Die eingelagerten Äpfel hielten sich bei sachgemäßer Lagerung über einen Großteil des Winters. Im Herbst dörrten die Hausfrauen regelmäßig Birnen zu „Kletzen", Apfelstücke zu „Äpfespeitln" und Pflaumen zu „dirrte Zwetschgn". Wie das „Kletzntauch" in Monaten ohne frisches Obst das Kompott zu den Mehlspeisen abgab, kam als Gemüse zu Fleisch und Knödeln im Winter fast immer das Sauerkraut aus dem eigenen Fassl auf den Tisch.

Trotzdem war das Angebot des Krämerladens sehr vielfältig. So manches davon würde man heute in einem Lebensmittelladen nicht suchen. Wir führten Nägel in verschiedenen Größen, die größten hießen Pfennignägel, weil von ihnen einer einen ganzen Pfennig kostete. Die Pfennignägel wurden nach Stückzahl verkauft, die kleineren nach Gewicht. Es gab bei uns Mauerfarben zum „Weißeln" der Wände, Brühpech – bei uns hieß es „Saupech" – zum Schlachten von Schweinen und Gänsen, Schlachtgewürze, papierene Pressackdärme als Meterware und Spagat zum Abbinden der Würste.

Die Bäuerinnen kauften Pergament- oder Butterpapier, in das sie die für den „Karrer" bestimmten Butterwecken wickelten. Karrer nannte man die Aufkäufer von Eiern, Butter und Geflügel, die früher mit einem Karren unterwegs waren und diese Lebensmittel dann in größeren Orten auf dem Markt anboten. Am besten ging das Geschäft, wenn der Karrer im Dorf gewesen war und Eier, Butter oder geschlachtetes Geflügel eingekauft hatte. Das so eingenommene Geld gehörte nämlich der Bäuerin, war ihr Haushaltsgeld. Mit ihm wurden Vorräte gekauft, zum Beispiel eine Tüte mit fünf Pfund Zucker, ein Strang Wolle oder ein Stück Schürzenstoff.

Zum Schreibwarenangebot gehörten neben den Heften, Tafeln und Griffeln – man unterschied Buttergriffel und normale –, Tafelschwämme und dazu passende Dosen aus Bakelit, eine große Flasche Tinte zum Nachfüllen, verschiedene Schreibfedern, die in kleinen Päckchen, nicht größer als Zündholzschachteln, eingekauft und stückweise verkauft wurden, Radiergummis, gewöhnliche Bleistifte, Tintenblei- und Farbstifte. Namenstags-, Geburtstags- und Neujahrskarten, Briefumschläge und Briefmarken hatten in einem Schuhkarton Platz, den die Mutter bei Bedarf aus der Stellage holte und auf die Ladenbude stellte. Schmirgelpapier, Kälberstricke, Geißeln und Geißelschnüre, Wäscheleinen und Wäscheklammern – „Waschklupperl" – wurden nur selten verlangt.

Im Sommer stand ein kleiner Karton mit Fliegenfängern auf dem Ladentisch. Wir verkauften Sicherheitsnadeln, Heftpflaster und Reißnägel, mit denen man z.B. die aus ihrer grünen Papppatronen gezogenen klebrigen Streifen der Fliegenfänger an der Zimmerdecke befestigen konnte. Diese waren mit einem süßlichen Klebstoff beschichtet, an dem die vom Duft angelockten Fliegen kleben blieben. Nicht nur gegen die Fliegenplage half unser Angebot, auch gegen Kopfweh und Zahnschmerzen gab es bei uns ein Pulver, das in kleinen violetten Kuverts werbewirksam zum Kauf auslag.

Bei den Lebensmitteln waren am wichtigsten Zucker, Salz und Teigwaren. Bei letzteren gab es als Suppeneinlagen Faden- und Schnittnudeln, Buchstaben, Muscheln oder Sternchen, als Beilage zum Braten Makkaroni, Spaghetti und „breite Nudeln". Beim Zucker unterschied man Staubzucker, Puderzucker und Würfelzucker. Die Überraschung war groß, als 1945 Flüchtlinge nach Staubzucker fragten und dabei Puderzucker meinten. Ähnlich war es mit dem Senf, den es auch während des Krieges gab und den die Heimatvertriebenen Mostrich nannten. Für den Senfkauf brachten die Kunden ihr leeres Senfglas mit und die Mutter füllte es ihnen aus dem blechernen Senfkübel auf. Aus einer großen Flasche goss sie die Maggiwürze in die mitgebrachten kleinen Fläschchen. Auch beim Kauf von Essig und Salatöl wurden die mitgebrachten Flaschen aus dem hölzernen Essigfass beziehungsweise aus dem weißen Ölbehälter, der aus Steingut war, gefüllt. Einige Kunden holten sich nicht den fertigen Essig in einer mitgebrachten Flasche, sondern kauften in Fläschchen abgefüllten Essigessenz, den sie dann daheim verdünnten. Marmelade wurde aus einem Blecheimer verkauft. Auch dafür brachten die Kunden eine Schüssel mit, in die dann die Mutter mit einem großen hölzernen Löffel die rote „Vierfruchtmarmelade" füllte und abwog. Überhaupt waren die wenigsten Waren abgepackt.

An der Seite des Ladentischs waren an Nägeln Tüten – „Stranitzn" – in verschiedenen Größen aufgehängt. Für alles bis zu einem Gewicht von 250 Gramm wurden Spitztüten verwendet, für größere Mengen standen viereckige Pfund-, Zweipfund und Fünfpfundtüten zur Verfügung. Lange hatten wir nur eine Waage, bei der man auf die eine Seite die benötigten Eisengewichte und auf die andere die zu wiegende Ware stellte und die beiden Seiten dann austarierte. Als wir endlich eine neue Waage bekamen, auf die man nur die volle Tüte stellen musste und die dann ohne eigene Gewichte anzeigte, wie schwer der Inhalt der Tüte war, durften wir

Kinder die alte Waage zum Spielen hernehmen. Natürlich spielten wir „Kramer" und wogen im Garten Sand, Steine oder aus nassem Lehm geformte Würste und Kuchen ab.

Abgepackt waren die Gewürze, das Backpulver und der Vanillezucker in kleinen Tütchen. Im Frühjahr kamen die Salat-, Gemüse- und Blumensamen dazu. Die Steckzwiebel dagegen befanden sich in einem Säckchen und wurden abgewogen.

Abgepackt war ebenso der Kaffee, worunter man auch vor dem Krieg Ersatzkaffee verstand. Die wichtigsten Sorten waren Linde, Günzburger und Franz Kathreiners Malzkaffee, später kam der Caro dazu. Als Kaffeewürze kauften die Leute Feigenkaffee oder die grellroten Zichorienrollen der Firma Mühlen-Franck. Tee gab es noch nicht in Aufgussbeuteln, sondern in größeren Kuverts oder Päckchen. Ich erinnere mich an Schwarztee, Brust-, Sennesblätter- und Pfefferminztee.

Waschmittel der Firmen Henkel und Thompson wurden in kleinen Päckchen angeboten. Da gab es Persil, Henko, Sil, Imi und Ata. Die Kernseife erhielten wir in einem Seifenkistchen geliefert. Sie wurde von der Mutter oder mir im Regal zu einer Pyramide aufgeschlichtet und stückweise verkauft. Für die Pflege der Holzböden brauchten die Kunden Bohnerwachs, das wie die Schuhcreme und das Lederfett vom Hersteller in runden Blechdosen abgefüllt wurde, und hin und wieder einen Beutel gelbes oder braunes Farbpulver zum Auffrischen der Farbe des Bodens.

Heute kann man sich kaum noch vorstellen, welch geringe Mengen früher gekauft wurden. Die Schachtel Zigaretten enthielt nur fünf Glimmstengel, Stumpen und Zigarren wurde stückweise gekauft. Rauch- und Schnupftabak dagegen gab es nur in den Originalpäckchen der Herstellerfirmen. Dass man nur einen Briefumschlag und die dazugehörende Briefmarke, eine Schachtel „Schnellfeuer" – also Streichhölzer – verlangte und nur ein einziges Blatt Schmirgelpapier kaufte, war selbstverständlich. Kuverts mit Shampoo für eine einzige Haarwäsche wurde fast nur von jungen Leuten verlangt, vor allem, wenn ein Vergnügen anstand wie der Kirchweih- oder Maitanz.

Wer sich seinen Bart nicht mehr mit einem Rasiermesser abschabte, sondern schon einen Rasierapparat besaß, kaufte die Rasierklingen in kleinen Päckchen mit zehn Klingen. Ein Bauer holte sich jahrelang am Samstag eine einzige Klinge.

Uns Kinder interessierte im Laden natürlich vor allem das Angebot an Süßigkeiten. Auf der Ladentheke stand der „Guatlständer". Sechs kugelförmige Gläser waren durch ein Metallgestänge so zusammengehalten, dass je zwei Gläser nebeneinander und drei übereinander standen. Hier konnten die Kinder aussuchen, welche Guatln sie wünschten. Da gab es Kokoswürfel, Minzenkugeln, im Winter dunkelbraune Malzbonbons gegen den Husten („Huastenguatl" oder „Huastenzeitln" genannt), im Sommer Eisguatln – offiziell „Gletschereis" – gegen den Durst, gefüllte „Kopfkissen", Bärendreck, gelbe Honigguatl und wie die Früchte selbst aussehende Himbeeren. Die ziemlich klebrigen Karamellbonbons – die „Muichguatl" – waren einzeln in gelbes Papier eingewickelt.

Alle Guatl wurden beim Verkauf abgezählt. Für einen Pfennig gab es von den kleinsten vier Stück, von den größeren drei oder zwei. Die Kinder kamen meistens mit einem Fünferl oder einem Zehnerl, nur in Ausnahmefällen mit zwei Zehnerln und suchten sich die gewünschte Sorte aus. Manche konnten sich nur sehr zögerlich entscheiden und strapazierten die Geduld meiner Mutter. Andere antworteten auf die Frage, welche Sorte es sein solle, einfach: „Da, wo's de mehran gibt." Es kam auch vor, dass ein Kind daheim nur einen Zwoaring erhalten hatte und trotzdem erwartete, die paar Süßigkeiten in einer Tüte zu bekommen. War mein Vater im Laden, so konnte er sich die Bemerkung nicht verkneifen, da komme ja die Tüte teurer als der Inhalt.

Natürlich gab es bei uns auch Schokolade, meistens hatte der

Kunde die Wahl zwischen den billigeren, zum Beispiel mit einer Pfefferminz- oder Himbeercreme gefüllten, und den etwas teureren Vollmilch- oder Nussschokoladetafeln. Manchmal wurde offene Schokolade rippenweise verkauft. Ebenfalls nicht immer vorrätig waren Gummischlangen, Waffelbruch und Wundertüten.

Vor Ostern hatten wir Hasen oder kleine Nester aus Waffelteig im Angebot. Zum Nikolaustag gab es Nikoläuse aus Lebkuchen, auf die ein buntes Nikolausbild aufgeklebt war. Vor Weihnachten konnte man Lametta, Engelhaar, echte Christbaumkugeln oder Baumschmuck aus Zuckerguss kaufen. Für den Dreikönigstag am 6. Januar holten die Kunden Kreide und Weihrauch.

Zum Lichtmesstag am 2. Februar bot die Mutter die Lichtmesskerzen an Sie waren so klein wie heute die Kerzen auf der Geburtstagtorte. Auch große Altarkerzen, die man an Lichtmess weihen ließ und dann der Pfarrkirche schenkte, gab es nur zu dieser Zeit. Einfache Talgkerzen, die bei Stromausfall oder anstelle von Taschenlampen verwendet wurden, waren das ganze Jahr über vorrätig; die nur ganz selten verlangten dunklen Wetterkerzen, die man bei drohenden Gewittern anzündete, um Schaden von Haus und Hof abzuwenden, gab es natürlich nur im Sommer.

Spiritus wurde in Originalflaschen verkauft. Man brauchte ihn als Fleckenentferner und zum Aufwärmen der Kindernahrung oder Milch auf dem Spirituskocher, wenn im Sommer nicht den ganzen Tag eingeheizt war.

Das Angebot an Spirituosen war äußerst bescheiden. Wein wurde fast nur gekauft zum „Weisat geh", d. h. für den Besuch einer Frau im Wochenbett oder für einen Krankenbesuch. Dann handelte es sich um einen kräftigen süßen Wein, manchmal auch nur um Wermut oder Heidelbeerwein. Mit Schnaps war immer Likör gemeint. Wir hatten den weißen Kümmellikör, den gelben Bergamot und manchmal den roten Kirsch. Gekauft wurde dieser „Schnaps" als Geschenk für Männer an Weihnachten oder zum Geburtstag.

Wenn wir meinen Großvater besuchten, brachte ihm meine Mutter meistens aus unserem Laden eine Flasche Kümmellikör mit. Er bewahrte die Flasche im Schlafzimmerschrank auf und genehmigte sich beim Zubettgehen täglich einen Schluck.

Vom Herbst bis zum Frühjahr verkauften wir auch Heringe, die zur Brotzeit, also um 3 Uhr nachmittags, gegessen wurden. Im Laden standen zwei große Blechdosen, eine mit Bismarck- und die andere mit Bratheringen. Die Kunden kamen mit einem Teller, in den ihnen die Mutter nicht nur den oder die Heringe legte, sondern auch mit einem großen Holzlöffel etwas Essigsoße darüber goss. Nie wurden so viele Heringe gekauft, wie bei den Kunden daheim Hungrige um den Tisch saßen. In der Regel war es wohl so: Je größer die Familie war, um so kleiner fiel pro Kopf die Heringsportion aus. Ich erinnere mich an eine Schreinerfamilie mit acht Kindern. Wenn eines der Kinder Heringe holen durfte, was selten genug der Fall war, nannte es nicht nur die gewünschte Zahl, sondern fügte immer dazu: „Mit vui Soß!". Heringe galten als Delikatesse. Auch das Essigwasser, das den Namen Soße nicht verdiente, wurde durch Eintauchen des Brotes bis zum letzten Tropfen genossen. Die leeren Dosen waren übrigens bei der Kundschaft gefragt als Gefäße, die man zum Füttern des Geflügels oder als Blumentöpfe gut verwenden konnte.

In unserer Krämerei gab es auch ein allerdings sehr bescheidenes Angebot an Textilwaren. Dazu gehörten Schürzenstoffe für die Frauen und das blaue Schabertuch für die Arbeitsschürzen der Männer. Verkauft wurden diese Stoffe als Meterware. Graue, braune und schwarze Wollstränge wurden von der Kundschaft benötigt zum Stricken der Strümpfe und Socken.

Die einzigen Fertigwaren waren warme Unterwäsche. Die für die Männer gedachten Hosen waren immer lang und grau, die für die Frauen kurz und hellblau oder lachsfarben. Auch bei dieser weiblichen Unterwäsche sprach man noch nicht von Schlüpfern, von Unterhosen oder einfach von Hosen. Eine lange Hose als Oberkleidung für Frauen war noch unvorstellbar. Unterhosen galten als beliebtes Weihnachtsgeschenk. Denn geschenkt wurde eigentlich nur, was man sowieso brauchte. Weihnachtsgeschenke kaufte man damals auch noch nicht Wochen oder gar Monate vorher. Wenn es am Heiligen Abend schon dämmerte, standen manchmal männliche Kunden im Laden, um noch ein Stück Unterwäsche oder einen Schürzenstoff für die Frau als „Christkindl" zu erstehen. Das Jahr über wurden Unterhosen vor allem dann verlangt, wenn jemand ins Krankenhaus musste.

Zum Angebot gehörten auch die sogenannten Kurzwaren: Knöpfe für Kleider und Schürzen, Druckknöpfe, Strick-, Häkel-, Stopf- und Nähnadeln, Hosengummi, Strapse, Strumpfbänder und Faden auf Holzspulen für die Nähmaschinen sowie auf sternförmigen Kärtchen aufgewickelter fester Zwirn zum Annähen der Knöpfe.

Feste Öffnungszeiten kannte man noch nicht. Die Leute konnten kommen, sobald und solange jemand von den Eltern auf war. Die Haustüre wurde erst beim Schlafengehen abgesperrt. Auch an Sonn- und Feiertagen durfte unmittelbar nach dem Hauptgottesdienst verkauft werden.

Die Einkaufstaschen waren sackartig aus irgendeinem Stück Stoff genäht. Am oberen Rand befanden sich zwei Ringe aus einem dicken Eisendraht. Sie waren halb in das Tuch eingenäht und zur anderen Hälfte als Handgriffe offen.

Während des Krieges und die erste Zeit danach waren die Lebensmittel einschließlich der Rauchwaren rationiert. Man brauchte also nicht nur Geld, sondern auch die Lebensmittelkarte beim Einkauf. Die Mutter schnitt mit einer Schere die entsprechenden Kästchen zum Beispiel für Zucker oder Nährmittel (Teigwaren) aus der mitgebrachten Karte heraus und sammelte sie. Abends haben wir dann oft mit Mehlpapp, also nassem Mehl, die Marken auf Bögen geklebt. In regelmäßigen Abständen fuhr die Mutter mit dem Rad in die Stadt und lieferte die Bögen im Ernährungsamt ab.

Als Fünft- und Sechstklässler ging ich beim Hauptlehrer in die Schule. Er war auch Gemeindesekretär und für die Verteilung der Lebensmittelkarten zuständig. So kamen mein Freund Richard und ich zu der ehrenvollen Aufgabe, dass wir einmal im Monat in einem Teil des Dorfes die Lebensmittelkarten in die Haushalte bringen durften. Den Empfang ließen wir uns auf einer Liste bestätigen.

Der Berther kommt

Im Abstand von drei oder vier Wochen wurde unser Laden vom Großhändler beliefert. Dann kam einige Tage vorher ein Vertreter in einem Personenauto. Dieser „Reisende" trug immer Anzug und Krawatte und stellte wohl nicht nur bei einem Kind wie mir einen vornehmen Herrn aus einer fremden und besseren Welt dar. Er trug einen oder zwei schwarze Musterkoffer ins Haus, damit er die aktuellen Angebote anpreisen konnte. Darunter waren immer auch Süßigkeiten, vor allem Bonbons, die in kleine Gläser abgefüllt waren. Waffelbruch- oder Wundertüten, Brausepulver und Gummischlangen oder -brillen wurden in den Originaltüten beziehungsweise als Einzelstücke hergezeigt. Obwohl so ein Koffer vermutlich nicht nur Süßwaren enthielt, erinnere ich mich nur noch an sie. Meistens schenkte mir der Reisende auch eine kleine Kostprobe. Fast alles, was die Mutter bestellte, diente der Auffüllung des Bestandes im gleichbleibenden Sortiment. Der Vertreter kannte sein Angebot auswendig und trug es, nach Warengruppen gegliedert, ziemlich schnell und leiernd vor. Die Mutter unterbrach ihn, wenn sie einen gerade genannten Artikel brauchte, und gab, wo sie nicht vorgegeben war, die Menge an. Bevor der Reisende zur nächsten Krämerei weiterfuhr, sagte er, an welchem Tag voraussichtlich die Lieferung erfolgen würde. Weil unser Großhändler, der von der Kreisstadt aus einen großen Teil der Krämereien im Landkreis belieferte, Kaspar Berther hieß, sagten wir in der Familie einfach „Der Berther kommt", wenn die Lieferung erwartet wurde. An solchen Tagen blieb ich möglichst zu Hause oder wenigstens in der Nähe, um das gelbe Lastauto nicht zu versäumen.

Aufmerksam beobachtete ich die Arbeit der beiden Männer, die aus dem Lastwagen stiegen, die unserem Haus zugekehrte Bordwand herunterklappten, die Zeltplane nach oben warfen, anhand des Lieferscheins das Abzuladende suchten und an die Kante der Ladefläche vorschoben. Anschließend trugen sie die Waren in den Laden. Der schwerste Artikel war der Zuckersack, der fast immer zur Lieferung gehörte. Er wog zwei Zentner und wurde von einem der beiden Männer geschultert und in die dafür vorgesehene Ecke des Ladens gestellt. Der Sack mit Salz war nur einen Zentner schwer. Manchmal gehörte zur Lieferung auch ein großes, hölzernes Fass mit Essig, das die Männer dann gemeinsam die Stufen vor dem Haus hinaufschleppten und im Laden auf das dafür vorgesehene Gestell hoben. Die meisten Waren wurden in Kartons oder großen Tüten, nur selten in Holzkistchen verpackt ins Haus getragen. Regelmäßig brachten die beiden auch eine größere Kiste herein, in der dann kleinere Tüten und Pakete lagen. Diese Kiste wurde sogleich ausgeleert und wieder mitgenommen.

Sehr früh gewöhnte mich die Mutter daran, beim Auspacken der Waren mitzuhelfen. Während sie Nudeln, Puderzucker, Hirse, Sultaninen usw. aus den Kartons und Tüten in die Schubladen der Ladenbude füllte, durfte ich die Seifenstücke, Zigarettenschachteln, Schuhcremedosen oder Schokoladetafeln in den Regalen aufschlichten.

Dieses Auspacken war für mich nie eine lästige Pflicht. Ich achtete sogar darauf, dass mir der nächstjüngere Bruder nicht die Arbeit wegnahm. Noch Jahrzehnte später, wenn ich Ferientage zuhause verbrachte oder auch nur noch zu Besuch kam, habe ich gerne im Laden mitgeholfen.

Als der Traktor noch Bulldog hieß

Die Zugmaschinen hießen in meiner Kindheit noch nicht Traktoren oder gar Trecker, sondern Bulldog. Obwohl im Dorf an die hundert Landwirtschaften betrieben wurden, gab es nur drei Bulldog. Auch wenn wir alle drei Fahrzeuge meinten, bildeten wir keine Mehrzahl, sondern sagten „drei Bulldog".

Einen Bulldog besaß der größte Bauer, der Numer. Dieser Hofname war im Lauf von Generationen aus Neumeier entstanden. Dem Numer gehörten gut 200 Tagwerk Grund. Er konnte sich einen neuen Bulldog leisten. Sein ganzer Stolz hatte noch kein Führerhäuschen. Der Bauer war auf seinem Gefährt dem Wetter ausgesetzt. Angelassen wurde der Motor noch nicht mit einem Anlasserknopf oder einem Zündschlüssel, sondern mit Hilfe eines Schwungrades an einer Seite und einer langen Werfel. Obwohl ich diesen Traktor nicht oft sah, weil der Numer nicht an unserem Haus vorbeikam, wenn er auf eines seiner Felder oder eine Wiese fuhr, erinnere ich mich an die graublaue Farbe und das helle Rot der großen Felgen.

Den zweiten Bulldog besaß der Thalhammer. Er war kein Bauer, sondern nur ein Häusler mit wenig Grund. Vielleicht war seine Landwirtshaft sogar die kleinste im Dorf. Der Thalhammer war kein Einheimischer, sondern aus dem Gebirge zugezogen, wie die

Leute sagten. Er hatte anfangs eine Baustellenkantine betrieben und die Arbeiter bewirtet, die beim Bau des Isarkanals und des nicht weit vom Dorf entstehenden Wasserkraftwerks beschäftigt waren. Danach hatte er eine richtige Gastwirtschaft mit einer eigenen Brauerei aufgebaut. Mit einem Pferdegespann fuhr er das Bier in unserem und in einigen Nachbardörfern aus. Offenbar übernahm er sich dabei finanziell. Das Anwesen kam auf die Gant. Mein Vater erinnerte sich, dass der Thalhammer jedenfalls seine beiden Pferde schlachtete und ihr Fleisch zu verkaufen suchte.

In einer Kiesgrube errichtet er sich eine Hofstelle mit einem Holzhaus. Er konnte einige Grundstücke erwerben oder pachten und hatte schließlich Kühe und Schweine im Stall wie die anderen Landwirte auch. Aber im Gegensatz zu diesen besaß er weder ein Pferd noch einen Zugochsen. Stattdessen hatte der Thalhammer, soweit ich zurückdenken kann, einen „Lanz", also eine Zugmaschine. Vermutlich hatte er diesen Motorveteranen billig kaufen können, weil er irgendwo ausgemustert worden war. Der Lanz vom Thalhammer hatte noch keine Gummireifen, sondern Eisenräder. Ob er einmal einen Farbanstrich hatte, ließ sich nicht mehr feststellen.

Der Lanz vom Thalhammer war größer als der Bulldog vom Numer, ein rechtes Ungetüm, aus dessen Kamin es rauchte und das mit seinen Eisenrädern einen Heidenlärm machte. Wenn der Thalhammer Mist oder Heu transportierte, dann hat er nicht wie allgemein üblich eine Fuhre gefahren, sondern seinem fauchenden Bulldog drei aneinandergehängte Wägen zugemutet. Man hörte den Lanz schon, bevor er zu sehen war. Wer ihn zuerst hörte, rief dann „Da Thalhamma kimmt!". Wir liefen dem motorisierten Gespann entgegen und schauten, ob es dem Thalhammer gelang, die leicht abfallende Dorfstraße heraufzufahren. Und wir kamen nicht nur einmal auf unsere Kosten, nämlich dann, wenn der Lanz streikte und der Landwirt mit viel Mühe und unter heftigem Schimpfen sein Gefährt wieder flott zu machen versuchte.

Den höchsten Unterhaltungswert freilich hatte für die Buben im Dorf der dritte Bulldog. Er gehörte der örtlichen Raiffeisengenossenschaft und musste deren für unsere Begriffe riesigen Dreschwagen ziehen. Das Frühjahr und den Sommer über standen der Dreschwagen und die Zugmaschine in einem großen Holzschuppen. Bald nach der Getreideernte kamen Landwirte, die schon dringend gedroschenes Getreide oder Stroh brauchten, mit einem Fuder Roggen oder Weizen zu diesem Stadel und ließen ihre Ladung dreschen. Wenn der dringendste Bedarf gedeckt war, wurde der Dreschwagen im Herbst und Winter von Anwesen zu Anwesen gefahren. Dieser Umzug vom einen Hof in einen anderen war für uns immer spannend. Die schwere Zugmaschine hatte bei der geringsten Steigung Mühe, den Koloss von Dreschmaschine zu ziehen. War die Dorfstraße vom Regen aufgeweicht, dann drehten die Räder immer wieder durch oder gruben sich in den Boden ein. Besonders schwierig waren immer die Hofeinfahrten, wo das Gespann nur in mehreren Anläufen den Neunziggradwinkel bewältigte, ohne den Zaun zu beschädigen. Den Wagen durch das Stadeltor auf die Tenne zu ziehen oder zu schieben, erforderte dann Zentimeterarbeit.

Je schwieriger sich ein solcher Umzug gestaltete, je öfter das Gefährt steckenblieb, je tiefer die Furchen im Boden waren und je häufiger ein Zaun oder Hauseck beschädigt wurde, um so spannender war es für uns. Und natürlich wussten wir immer, was der Traktorfahrer falsch angepackt hatte, ob er bei einer Steigung zu wenig oder zu viel Gas gegeben hatte, ob er sich bei der Enge eines Hoftores verschätzt oder eine Kurve zu „gach" genommen hatte.

Der Bulldog diente nicht nur als Zugmaschine, sondern auch als Motor beim Dreschen. Ein starker lederner Transmissionsriemen übertrug die Kraft vom Traktor zur Dreschmaschine. Es war die besondere Kunst des Bulldogfahrers, beide Gefährte so zu stellen und durch Bremsklötze abzusichern, dass der Riemen möglichst selten von einem der beiden Transmissionsräder heraussprang und dass er immer die richtige Spannung hatte. Als später für den Antrieb des Dreschwagens ein Elektromotor verwendet wurde, war beim Dreschen der Lärm nicht mehr so groß und der Gestank, den der Dieselmotor des Bulldogs von sich gab, entfiel. Wenn nun der Umzug von einem Hof auf den anderen erfolgte, wurde der Elektromotor, der auf ein Fahrgestell geschraubt war, an den Dreschwagen angehängt.

Gefahren hat diesen Traktor viele Jahre der Reider Schorsch, der deswegen auch im Krieg nicht einrücken musste, weil er im Dorf wegen seines lebenswichtigen Dienstes unabkömmlich war. Der Schorsch hatte schon in jungen Jahren kein Haar mehr auf dem Kopf. Deswegen trug er immer eine Mütze. Nur wenn er sich am Abend an der Wasserleitung im Stall den Schweiß abwusch und sich dann bei dem Bauern, wo gerade gedroschen wurde, zum Abendessen an den Tisch setzte, nahm er die Kopfbedeckung ab. Natürlich wurde dann über seine „Haarpracht" gewitzelt.

Auch sein Vater war eine auffallende Erscheinung im Dorf. Bei Bittgängen und Prozessionen trug er immer das Kreuz dem Zug voran. An einer Seite des Halses hatte er ein Geschwür, so groß wie ich mein ganzes Leben keines mehr gesehen habe. Ich bewundere den Mann heute noch, wie couragiert er seinen gewaltigen Schönheitsfehler annahm und die Öffentlichkeit nicht mied.

Bei den meisten Bauern kam der Dreschwagen jedes Jahr zweimal, weil die Ernte nicht auf einmal gedroschen wurde, damit keiner zu lange warten musste, bis er an der Reihe war. Wurde auf einem Hof gedroschen, so war es üblich, dass aus einigen Nachbaranwesen je eine männliche oder weibliche Arbeitskraft mithalf. Als Gegenleistung musste dann jeder Hof mehrmals im Jahr eine Arbeitskraft zum Dreschen bei den Nachbarn stellen.

Beim Gerbl bekam ich nicht nur mit, was sich draußen auf dem Hof abspielte, wenn der Dreschwagen kam. Während die Muatt in der Küche blieb und für die Arbeitskräfte das Mittagessen, die Brotzeit und das Abendessen herrichtete, trug der Gerbl Vatt die vollen Säcke mit dem gedroschenen Getreide durch das Haus auf den Getreidespeicher. Die Helfer standen in einem Getreidestock und stemmten mit der Gabel Garbe für Garbe auf den Dreschwagen, wo meist eine weibliche Helferin die Garben in die Maschine legte, oder sie schichteten die aus der Maschine langsam herauskommenden schweren Strohballen in einen anderen Teil des Stadels. Die leichteste, aber sehr staubige Arbeit war das Wegtragen des Amtes, das an einer Stelle aus dem Dreschwagen fiel. „Amt" sagten wir zu den Hülsen, die beim Drusch von den Körnern getrennt wurden. Das Amt war nicht schwer, wurde in einen Korb geschaufelt und in einer Ecke der Unterfahrt aufgehäuft, um dann zum Einstreuen verwendet zu werden. Ich verdiente mir die Teilnahme an der Brotzeit meistens durch das Wegtragen des Amts.

Wie gesagt: Das Dreschen war eine schwere und staubige Arbeit. Die Helfer aus der Nachbarschaft konnten deshalb ein gutes Essen erwarten. Außerdem wurde bei den Mahlzeiten und den unvermeidbaren Arbeitsunterbrechungen, wenn beim Bulldog Rohöl nachgefüllt werden musste oder ein Transmissionsriemen vom Rad gerutscht, vielleicht sogar gerissen war, eifrig geratscht. Nicht alles, was zur Sprache kam, war für Kinderohren geeignet, aber eben deswegen besonders interessant.

Ein Drescherlebnis habe ich in lebhafter Erinnerung. Ich war gerade im Getreidestock, von dem aus die Garben auf die Dreschmaschine gehoben wurden. Warum ich dort war, weiß ich nicht mehr. Vielleicht musste ich etwas ausrichten, vielleicht ein paar Flaschen Bier bringen, vielleicht kraxelte ich auch einfach nur im Stadel herum, weil ich sonst nichts zu tun hatte. Jedenfalls hatten die arbeitenden Erwachsenen, die im Getreidestock und die auf dem Dreschwagen, eine lebhafte Unterhaltung. Zumindest einem schon etwas älteren Junggesellen, der immer noch keine Frau, aber schon eine Glatze hatte, war meine Anwesenheit entgangen. Er öffnete plötzlich sein Hosentürl und zeigte für einen Moment sein stattliches Glied. Es war das erste und für lange Zeit das einzige Mal, dass ich den Penis eines Erwachsenen zu Gesicht bekam.

Vermutlich haben sich beim Dreschen so manche Paare kennengelernt und dann auch geheiratet. Bei dem erotisch aufgeheizten Junggesellen im Getreidestock dauerte es noch eine Reihe von Jahren, bis er eine Bäuerin an den Traualtar führen konnte. Und die Auserwählte, die ihn schließlich erhörte, kam nicht aus unserem Dorf.

Ein Bub, so schwer wie ein Krautkopf

Viel Zeit meiner Kinderjahre verbrachte ich auf einem benachbarten Bauernhof, beim Gerbl, so lautete der Hausname. Wie bei den anderen Höfen vergleichbarer Größe bestand die Anlage aus zwei Gebäuden. Das eine war Wohnung und Stall, wobei die Wohnräume immer der Straße zu lagen. Betrat man die „Fletz", wie wir den Hausflur nannten, so waren auf der linken Seite drei Türen. Die erste führte in die Stube, die nur zu besonderen Anlässen genutzt wurde: an Weihnachten oder wenn Störhandwerker im Haus waren. Sonst verwendeten sie die Gerbl Muatt und ihre Tochter, die Bett, nur als Nähstube. Die zweite Tür führte in die Wohnküche, die „Kuche". Sie hatte einen Steinboden aus Solnhofer Platten. Gegenüber der Türe vor den beiden Fenstern stand der Tisch mit dem Stuhl für den Bauern an der einen Schmalseite, der Wandbank an einer Längs- und einer Schmalseite des Tisches und einer einfachen Bank ohne Lehne vor dem Tisch. Auf ihr war der Platz für die Bäuerin, die ja am häufigsten aufstehen und dem gro-

Der Bauernhof vom Gerbl mit dem Hauptgebäude (Wohnhaus, Stall und Heuboden) und dem Stadel (mit dem eingebauten Geflügelstall) für Getreide und Stroh. An die rechte Seite des Stadels ist der Holzschuppen angebaut. Die Aufnahme entstand erst mehrere Jahre nach dem Krieg. In der Stadeleinfahrt steht schon ein Wagen mit Gummireifen. Auch das schmale Gebäude hinter dem Windfang ist erst später errichtet worden.

ßen Herd, der an der linken Wand stand, am nächsten sein musste. An der rechten Wand befand sich vorne beim Fenster ein hölzernes Kanapee mit einem Kissen. Liegen sah ich auf ihm nur den Gerbl Vatt, von der übrigen Familie höchstens einen, wenn er krank war. Näher zur Türe standen der bescheidene Küchenschrank und eine Anrichte, über ihr hing ein Schüsselbrett. Die dritte Tür führte in eine Schlafkammer, in welcher der älteste Sohn und während des Krieges der französische Kriegsgefangene übernachtete.

Rechts von der Fletz war vorne das Schlafzimmer der Bauersleute, es hieß einfach die „Kammer" und war ebenso wenig beheizbar wie alle anderen Räume außer der Stube und der Küche. Hinter der Kammer führte ein schmaler dunkler Gang zu einem kleinen fensterlosen Raum für Futtermittel und hinüber zum Stall. Hinter diesem Gässchen befand sich die Stiege in das Obergeschoss mit den Schlafräumen für die Söhne und die Tochter. Und hinter dieser Treppe lag die geräumige Speis mit einem Steinboden und einer hölzernen Falltüre. Durch sie konnte man in den Kartoffel- und Rübenkeller hinuntersteigen. Im ganzen Haus waren die elektrischen Leitungen auf Verputz verlegt, ein Hinweis darauf, dass der elektrische Strom erst nach dem Bau des Hauses eingerichtet worden war.

Im Stall gab es eigene Bereiche für die Pferde, die Rinder und die Schweine. Über dem Stall lag der Heuboden, den man von außen über eine Leiter erreichte. Durch eine Öffnung im Boden konnte man das Heu in den Stall hinunterwerfen zum Füttern der Tiere.

Im Abstand von einigen Metern zum Hauptgebäude und in einem rechten Winkel zu ihm stand der Getreidestadel. Auf der dem Stall zugewandten Seite war der Hühnerstall eingebaut, in dem nicht nur die Hühner und der Gockel, sondern auch die Enten, Gänse und der Truthahn mit seiner Henne – bei uns hießen sie Biberergockl und Bibihenn – Unterschlupf fanden.

Der Raum vor dem Stall und zwischen Stall und Stadel war die Unterfahrt. Sie war überdacht und bot einen trockenen Platz für Strohballen und einen Wagen. In der Unterfahrt war auch kurze Zeit der Geißbock angehängt, an den ich mich deswegen erinnere, weil er mich einmal über den Haufen rannte. Warum der Bock nach einiger Zeit wieder verkauft wurde, weiß ich nicht.

An die dem Stall abgewandte Seite des Stadels lehnte sich der hölzerne Schuppen, die Schupfa. Sie diente als Garage für die Geräte und die wenigen Maschinen. Auch der Mistwagen und das Odelfass hatten hier ihren trockenen Platz.

Zum Anwesen gehörten zwei Misthaufen. Der eine lag in der Mitte des Hofes, nur wenige Meter von der Haustüre entfernt. Hierher wurde mit dem Mistkarren, der „Radlong", der Mist aus den Standplätzen der Pferde und den Verschlägen für die Schweine gefahren. Der andere Misthaufen lag an der von der Straße aus nicht einsehbaren Seite des Gebäudes. Auf diesen wurde durch ein Loch in der Stallmauer der Mist von den Kühen und Kälbern geschoben. Unter dem Mist war eine betonierte Odelgrube und an die Hauswand angelehnt stand der hölzerne Abort, das „Scheißhäusl".

Die Gerbl Muatt und der Gerbl Vatt mochten mich. Sie redeten viel mit mir und ich durfte nicht nur bei den Arbeiten zuschauen und auf dem Mist- oder Heuwagen auf die Felder und Wiesen mitfahren. Sie ließen mich auch mithelfen, wo es ging. Ich rief mit der Bäuerin die Hühner mit dem Ruf „Buise, Buise!" zusammen, streute ihnen vor der Haustüre das Futter hin und trug die Eier ab. Weil die „Mistviecher" nicht immer in die dafür im Hühnerstall vorgesehenen Nester legten, obwohl in jedem Nest ein motivierendes, sogenanntes „Legei" aus Gips lag, durfte ich auf dem Heuboden und im Getreidestadel herumkraxeln und nach „verlegten" Eiern suchen.

Waren kleine Gänse oder Enten geschlüpft oder in der Geflügelfarm gekauft worden, so musste ich als Futter Brennnesseln suchen und mit dem Wiegmesser zerkleinern. Das junge Geflügel wurde die ersten Tage in der Küche in einer großen Schachtel gehalten. Manchmal wurde auch ein gekochtes Ei kleingehackt und unter die Brennnesseln gemischt. Waren die Tiere dann etwas später auf dem Hof unterwegs, holte ich die Enten mit dem Lockruf „Liecke, Liecke!" und die Gänse mit „Wulle, Wulle!" in ihren Stall.

Auf den Feldern wurden die vier Getreidesorten Weizen, Hafer, Gerste und vor allem Roggen angebaut. Der Roggen hieß bei uns „das Korn". Mais gab es überhaupt nicht und Rapsfelder waren eine Seltenheit. Neben dem Getreide wurden auf den Äckern als Grünfutter Klee angebaut und die Hackfrucht, worunter man die Kartoffeln – die Erdäpfel –, Runkelrüben und Kraut verstand. Die Heuwiesen lagen vor allem im Moos. Auf den meisten Wiesen konnte zweimal geheut werden. Die erste Heuernte im Frühsommer ergab das Altheu, die zweite das nicht mehr so üppige Grummetheu. Manche Landwirte bewirtschafteten auf schlechteren Böden eine einmahdige Wiese, auf denen sich nur einmal im Jahr das Heuen lohnte.

Meinen zahllosen auf dem Bauernhof verbrachten Stunden verdanke ich es, dass ich die typischen Gerüche zu unterscheiden lernte. Ich weiß, wie frisches Heu oder Getreide riecht, und könnte auch bei geschlossenen Augen sagen, ob ich in einem Kartoffel- oder Rübenkeller stehe. Außerdem kann ich den Gestank von Kuh-, Pferde-, Schweine- und Hühnermist bis heute auf Anhieb erkennen.

Das Wichtigste auf dem Bauernhof war für mich immer die Brotzeit. Pünktlich um drei Uhr nachmittags wurde die Arbeit unterbrochen. Waren wir daheim auf dem Hof, dann setzten sich alle um den Tisch in der Küche. Hatte es zum Mittagessen Knödel gegeben, was der Normalfall war, dann stand in der Mitte des Tisches nachmittags ein Teller mit Essigknödeln, ein kalter Knödelsalat mit viel Zwiebeln und Essig. Alle fischten mit ihrer Gabel die Knödelbrocken heraus. War der letzte Happen gegessen, dann zog die einzige Tochter des Hauses, die Bett – sie arbeitete bis zu ihrer Verheiratung als Dirn auf dem Hof – schnell den Teller zu sich hin und saugte mit einem Stück Brot das saure Wasser mit den letzten Zwiebelringen auf.

Der Bauer selbst hielt sich mehr an das Geräucherte, das er auf der blanken Tischplatte mit seinem Messer in kleine Stücke schnitt, mit der Messerspitze aufspießte, in ein kleines Häufchen Salz tauchte und abwechselnd mit Brotstücken, die er ebenfalls salzte, in den Mund steckte. Während der Essigknödel allen gemeinsam gehörte und jeder zusehen musste, dass er nicht zu langsam war und möglichst viele Brocken erwischte, wurden Fleisch oder Wurst von der Bäuerin jedem am Tisch zugeteilt. Sie schnitt auch für alle am Tisch die Brotstücke vom großen Laib. Wurde ein Brotlaib neu angeschnitten, vergaß sie nie, vorher mit dem Brotmesser drei Kreuze auf das Brot zu machen. Ganz gleich, ob wir zur Brotzeit um den Tisch saßen oder im Sommer draußen auf einem Heuhaufen, auf Getreidegarben oder beim Kartoffelklauben auf einem Wagen, ich durfte immer mitessen. So stocherte ich im Knödelteller eifrig mit, bekam immer ein Stück Brot und ein kleines Stück Geselchtes oder Wurst, freilich nicht größer als ein Radiergummi. Immer wenn mir die Gerbls Muatt etwas herreichte, sagte sie „Hanse, se!" Dieses „Se" bedeutete soviel wie „Da bitte". Vermutlich steckt dahinter das französische „C'est!"

Da unser Dorf am Moosrain liegt und die tiefschwarzen feuchten Moosböden die Krautköpfe besonders groß werden ließen, bildete der Verkauf von Weißkraut an die beiden Lagerhäuser der Kreisstadt oder an eine der Sauerkrautfabriken der Umgebung eine wichtige Einnahmequelle für die Landwirte. Das Kraut wurde im Herbst als letzte Jahresfrucht vom Acker geholt, auf dem Hof mit einem langen Messer – nach dem Krieg wurden auch gefundene Seitengewehre verwendet – „geputzt" und dann zum Verkauf kunstvoll wie ein Walmdach auf den Heuwagen geschlichtet.

Als vielleicht Fünfjähriger half ich einmal beim Beladen eines Krautfuders. Ich schleppte einzelne Köpfe an den Wagen, den der Bauer belud. Als mir ein besonders groß gewachsenes Prachtexemplar zu schwer wurde, bemerkte der Gerbl Vatt, der Krautkopf sei fast schwerer als der Hanse. Offenbar fühlte ich mich unterschätzt, weil ich die harmlose und humorvoll gedachte Bemerkung bis heute nicht vergessen habe.

Nicht alles Kraut wurde verkauft. Jedes Haus hatte für den Eigenbedarf ein Sauerkrautfass. Und weil über einen Großteil des Jahres die häufigste Mittagsmahlzeit aus gekochtem Geräucherten, Knödeln und Sauerkraut bestand, durfte das Krautfass nicht zu klein sein. Als Bub war es für mich ein Höhepunkt des Jahres,

wenn auf dem Bauernhof mit dem Krauthobel das Kraut „einge-
schnitten" wurde. Dann wurde ich zum „Krauteinstampfen" gebraucht. Die Gerbl Muatt stellte mir einen Eimer mit warmem
Wasser hin und ich musste mir die Füße waschen. Dann hob mich
der Bauer in das Fass, das in den ersten Jahren größer war als ich.
Barfuß musste ich fleißig treten. Langsam schaufelte der Bauer
eine Schicht Kraut nach der anderen in das Fass. Die Bäuerin streute immer wieder Salz darauf und warf Apfelspeitel dazu. Je mehr
Krautsaft zwischen meinen Zehen heraufquoll, umso mehr wurde ich für meinen fleißigen Einsatz gelobt. Am Schluss stand ich
auf dem vollen Fass und der Bauer hob mich herunter. Das Kraut
wurde mit einem runden Holzbrett abgedeckt und mit einem großen Stein beschwert. Mein Arbeitslohn bestand regelmäßig in einem Stück geräuchertem Schweinefleisch, das ich voller Stolz nach
Hause trug.

Es gab für mich noch eine andere Aufgabe, für die ich mit einem
Stück Geräuchertem entlohnt wurde. Vor der Liturgiereform hielt

Ein Bauernfamilie vor ihrem zum Verkauf aufgeladenen Weißkraut.

der Pfarrer am Karsamstag in der Frühe die sogenannte „Scheitelweihe". Hinter der Kirche war neben den Kindergräbern noch ein kleiner Platz frei. Hier wurde auf dem Boden ein kleiner Scheiterhaufen angezündet. Der Pfarrer weihte das Feuer. Die Buben des Dorfes hatten je ein an einer Kette oder einem Draht befestigtes Holzscheit mitgebracht. Sie hielten es in das Feuer und ließen es anbrennen. Das angekohlte und nun geweihte Stück Holz wurde dann von den Landwirten zerkleinert und auf die Felder verteilt, ähnlich wie die zerkleinerten Palmbuschen vom Palmsonntag und die Schalen der gesegneten Ostereier, die ebenfalls auf die Felder gestreut wurden und für eine ertragreiche Ernte sorgen sollten.

Weil die meisten Buben größer und weniger schüchtern waren als ich, gelangte ich bei dem Gedränge nie ganz an das Feuer. Mein Holzscheit konnte ich zwar mit dem festen Draht nach vorne schieben, aber ich sah nicht, ob es auch wirklich anbrannte. Aus Angst, es könnte ganz verbrennen und ich käme mit dem bloßen Draht heim, zog ich mein Scheit eher zu früh heraus. Einmal war es kein bisschen angekohlt. Da blieb mir nichts anderes übrig als zu warten, bis das Feuer ausgegangen war und die anderen mit den noch brennenden Hölzern nach Hause rannten. Nun habe ich mein Holzscheit an dem verkohlten Holz gerieben und so wenigstens etwas geschwärzt. Mit einem schlechten Gewissen lieferte ich mein geweihtes Holz bei der Gerbl Muatt ab. Ob sie meinen Schwindel nicht bemerkte oder einfühlsam darüber hinwegsah, weiß ich nicht. Mein Stück Geräuchertes erhielt ich auch bei dieser misslungenen Scheitelweihe.

Weniger schwierig war meine Aufgabe am Ostersonntag. Da weihte der Pfarrer am Schluss des Feierlichen Hochamts die Speisen. Ich durfte das Weidenkörbchen zur Kirche tragen. Die Muatt hatte in die Mitte des Korbes einen kegelförmigen Kuchen gestellt, den sie Torte nannte und dessen Oberfläche mit Marmeladehäufchen garniert war. Um die Torte lag ein Kranz von gefärbten

Ostereiern. Dazu kam etwas Salz und ein Stück Geräuchertes. Der Lohn für meinen Trägerdienst war in diesem Fall ein Teller voller Ostereier, darunter ein geweihtes.

Es gab noch andere Arbeiten für mich auf dem Hof: Wenn „ausgerührt" wurde, durfte ich das Butterfass rühren. War dann endlich der Rahm durch das Umrühren zu Butter geworden und hatte die Bäuerin einen schönen Butterwecken geformt, dann bekam ich das erste Butterbrot. Die nicht auf dem Hof benötigte Milch wurde täglich früh am Morgen in einem oder ein paar fest verschließbaren Milchkübeln zu einer nahen Sammelstelle gebracht, wo sie der Milchfahrer auf den Lastwagen lud und zur Molkerei in die Stadt fuhr. Die am Tag davor mitgenommenen und nun leeren Eimer lud er ab. Da die Eimer alle gleich aussahen, hatte jeder Landwirt, der Milch lieferte, eine bestimmte Nummer, die auf die Zinkkübel mit schwarzer Farbe aufgemalt war. Ich kannte die Nummer meines Bauern und holte oft die leeren Kübel ab.

Im Winter saß ich mit der Bauernfamilie Stunden im Keller beim „Erdäpfezupfa", d. h. wir entfernten von den eingelagerten Kartoffeln die wuchernden Triebe.

Mit Stolz erfüllte es mich, als ich mit acht oder neun Jahren zum „Vierefahrn" herangezogen wurde: Wenn der Bauer Heu oder Getreide auflud und die Bäuerin auf dem Wagen die mit der Gabel hinaufgereichten Büschel oder Garben abnahm und zu einem hohen Fuder aufschichtete, saß ich auf dem Rücken der Lore, des Leitpferdes, und fuhr den Wagen auf einen Ruf des Bauern hin ein Stück weiter nach vorne, damit das aufzuladende Heu oder Getreide möglichst wenig weit getragen werden musste. Zu den drei Pferden als Zugtieren gehörte immer auch ein Ochse, der mit einem Pferd zusammengespannt wurde. Wenn die Erinnerung nicht täuscht, wurde ich nur einmal auf seinen breiten und unbequemen Rücken gesetzt. Sonst musste ich den Ochsen „zu Fuß" am Zügel halten und ihn den Wagen Stück für Stück weiterziehen lassen. Der

Ochse roch bei der Feldarbeit im Sommer immer nach Bremsenöl. Er wurde beim Einspannen zum Schutz gegen Bremsen und Fliegen mit diesem Öl bestrichen.

War es heiß, wenn zur Feldarbeit oder auf eine Wiese gefahren wurde, dann hängte man ein kleines Holzfass mit frischem Wasser unter den Wagen und damit in den Schatten. Es baumelte an einem dicken Eisendraht und hatte oben einen hohlen Holzzapfen zum Trinken. Wer seinen Durst löschen wollte, legte sich kurz unter den Wagen, drehte das Fässchen so auf die Seite, dass Wasser aus dem Zapfen floss und man trinken oder sich das verschwitzte Gesicht abkühlen konnte.

Den Höhepunkt meiner Arbeit in der Landwirtschaft erreichte ich mit zehn und elf Jahren: Der Krieg war vorbei. Die überlebenden Söhne waren aus der Gefangenschaft zurückgekehrt. Die Getreideernte lief nun so ab, dass ein Fuder auf dem Feld geladen wurde, ein zweiter Wagen unterwegs war und der dritte zur gleichen Zeit im Stadel abgeladen wurde. Während die Erwachsenen auf dem Feld oder im Stadel schwitzten, war ich mit dem vollgeladenen Fuhrwerk vom Feld zum Hof oder mit dem leeren vom Hof zum Feld unterwegs. Für die Heimfahrt mit dem vollen Wagen setzte mich der Bauer auf das Pferd, bei der Fahrt aufs Feld saß ich auf dem quergelegten Sitzbrett im Wagen. Dieser Einsatz war für mich so aufregend, dass ich nachts schweißtriefend aufwachte, weil ich geträumt hatte, mit einem vollen Fuder zu weit an den Straßenrand geraten zu sein und umgeworfen zu haben. Gefährlich war es immer, wenn ich bei Gegenverkehr ausweichen musste.

Als ich ins Internat kam und nur noch in den Ferien heimfahren durfte, gingen meine Dienste auf dem Hof zu Ende. Mein Bruder rückte an meine Stelle und ließ sich dann auch in den Ferien von mir nicht mehr verdrängen.

Bauernarbeit, die es nicht mehr gibt

Natürlich hat sich die Bauernarbeit seit meiner Kindheit grundlegend geändert. Viele einst schweißtreibende Tätigkeiten werden längst von Maschinen erledigt, andere haben sich erübrigt oder wurden als zu zeitraubend und wenig effektiv aufgegeben. So das Distelstechen: Im Frühjahr, wenn die Saat aufgegangen war, ging man auf die Getreidefelder, um das Unkraut, vor allem die sprießenden Disteln zu stechen. Als Gerät wurde ein Stiel verwendet, an dessen unterem Ende ein scharfes Stück Eisen befestigt war. So konnte man, ohne sich bücken zu müssen, die Disteln stechen und damit abtöten. Diese Arbeit wurde ähnlich wie das Mistbreiten von den weiblichen Kräften übernommen und von den Mannsleuten eher gemieden.

Eine ausgesprochene Männerarbeit war dagegen das Torfstechen: In unserem Dorf am Rande des Erdinger Mooses gehörten zu jeder Landwirtschaft nicht nur Felder für den Anbau von Getreide und Hackfrüchten, sondern auch eine oder mehrere Mooswiesen, von denen das Grünfutter geholt und das Heu für die Wintermonate gewonnen wurde. Und jeder Landwirt hatte im Moos einen sogenannten Torfstich, d.h. ein Stück Wiese, unter deren Humus eine mehr oder weniger mächtige Schicht Torf lag. Torf war das wichtigste und fast einzige Heizmaterial in den Bauernhäusern. Ein Torfstich war von weitem zu erkennen an der Torfhütte, einem ziegelgedeckten Holzschuppen, in dem der Torf getrocknet und gespeichert wurde. Die Bretterwand an der Wetterseite war ohne Zwischenräume errichtet worden, damit der Regen abgehalten wurde; die anderen Seiten hatten Lücken zwischen den Brettern, damit der Wind durchblasen konnte.

Auf jeder Torfwiese gab es eine Art Graben. Dieser Graben wanderte von Jahr zu Jahr ein kleines Stück. Zunächst musste der Humus abgegraben werden. Er wurde auf die Seite geworfen, wo im Jahr zuvor der Torf gestochen worden war. Mit einem Torfeisen stach der Bauer dann ziegelsteingroße Stücke aus der Torfschicht heraus und schubste sie nach oben, wo eine meist weibliche Arbeitskraft die glitschigen Stücke auffing und zu kleinen Türmen aufschichtete. Wochen später wurde dann der schon weitgehend trockene und damit nicht mehr so schwere Torf mit einem Schubkarren in die Torfhütte gebracht, wo er monatelang austrocknete, bis er zum Heizen auf den Hof gefahren wurde. Der Weg vom eigentlichen Torfstich zur Hütte wurde jedes Jahr ein wenig länger.

Nur einmal durfte ich beim Torfstechen mithelfen, und zwar bei den Eltern meines Freundes. Sein Vater stach die Torfstücke und wir beide fingen sie abwechselnd auf und bauten die Türmchen. Bei jedem Auffangen wurden wir vom schwarzen Moorwasser angespritzt. In Erinnerung geblieben ist mir diese Mithilfe nur deswegen, weil meine Eltern nicht schlecht erschraken, als ich völlig

Arbeit im Torfstich.

verdreckt heimkam und ihr Ältester von oben bis unten schwarz war. Torf wird längst nicht mehr zum Einheizen verwendet, die Torfstiche sind zugewachsen und die Torfhütten abgebrochen oder in sich zusammengefallen.

Die merkwürdigste Bauernarbeit, die ich erlebte, fiel in die frühe Kindheit vor Ausbruch des Zweiten Weltkrieges. Die Söhne meines Bauern waren noch keine Soldaten. Sie arbeiteten als Knechte auf dem Hof. Es herrschte kein Mangel an Arbeitskräften. Und offenbar gab es damals besonders viele Mäuse auf den Feldern. So startete die ganze Familie einen Angriff auf die Mäuse in einem Stoppelfeld. Das Odelfass wurde mit Wasser gefüllt. Ich durfte auf dem Fass thronend mitfahren. Jeder Erwachsene nahm eine Schaufel und ging neben dem Wagen mit dem Fass her. Auf dem Feld angekommen, verteilten sich die mit der Schaufel Bewaffneten in einem kleinen Umkreis, der Bauer öffnete das Fass und ließ etwas Wasser auf den Boden und in die Mauslöcher fließen. Durch das Wasser wurden die Mäuse aus ihren Löchern getrieben und dann von den lauernden Mäusejägern mit der Schaufel erschlagen. Der Wagen wurde dann ein Stück weiter gefahren und die Prozedur wiederholte sich. Jeder wollte natürlich die größte Zahl der armen Tiere erwischen. Vermutlich war die Aktion nicht sehr erfolgreich. Jedenfalls habe ich eine solche Mäusejagd nur dieses eine Mal erlebt, weil ein zweiter Versuch unterblieb. In den Hofstellen sorgten die Katzen dafür, dass sich die Zahl der Mäuse und Ratten in Grenzen hielt.

Dem Maulwurf, der bei uns „Scher" heißt, rückte man auf den Wiesen mit Fallen auf das Fell. Ob ich beim Vergraben der Fallen und beim Herausnehmen der toten Tiere einmal dabeigewesen bin, weiß ich nicht mehr. Aber im Gedächtnis blieb mir, dass ich ein paarmal Zeuge war, wie die Söhne des Bauern erbeuteten Maulwürfen das Fell – das „Beigge" – abzogen. Für jedes bei der Gemeinde abgelieferte Scherbeigge gab es nämlich eine kleine Fangprämie. Der Maulwurf galt als Schädling, noch nicht als schützenswertes Tier.

Harmloser, aber auch langweiliger war das Federschleißen im Winter. Gänse- und Entenfedern brauchte man für die Zudecken und die Kissen. Auch für die Aussteuer waren sie unverzichtbar. Waren die zum Kirchweihfest im Oktober, zum Martinitag am 11. November oder auf Weihnachten geschlachteten Enten und Gänse gerupft und aufgegessen, dann saß an einem kalten Wintertag die ganze Bauernfamilie um den Esstisch und entfernte von den größeren Federn die Kiele, um weiche Füllungen der Kissen zu bekommen.

Hüterbub

Auch den Dienst eines Hüterbuben gibt es in unserer Gegend schon lange nicht mehr. Jeder von uns drei Brüdern hat einige Jahre im Herbst die Kühe unseres Bauern auf eine der Wiesen getrieben, sobald die zweite Heuernte – das Grummet oder Groamat – eingeholt war.

So zog ich im September und Oktober jeden Nachmittag mit meinen acht Rindviechern durch das Dorf hinaus auf eine der Weiden. Sobald die Schule aus war, galt es sich zu beeilen. Ich lief heim, schlang das für mich aufgesparte Mittagessen hinunter, nahm meine Geißel und lief auf den Nachbarhof, wo der Bauer schon dabei war, die Tiere abzuhängen und aus dem Stall zu lassen. Da auf dem Dorf bereits um 11 Uhr zu Mittag gegessen wurde, wartete er schon ungeduldig, bis ich kam, weil er ja selbst einspannen und aufs Feld fahren wollte. Die Bäuerin hatte mir in einen kleinen Beutel, den ich mir umhängte, die Brotzeit gelegt, meistens ein Stück Brot, einen Apfel und eine Birne.

War ich mit den Tieren auf der angegebenen Wiese angekommen, musste ich darauf achten, dass die hungrigen Tiere nicht auf eine Nachbarwiese liefen, wo das Gras etwas länger war. Schwierig war es, die Herde in Schach zu halten, wenn sich in der Nähe ein Acker mit Kartoffeln, Kraut oder Rüben befand. Kaum hatte ich die eine Ausreißerin mit der Geißel und laut schimpfend oder auch fluchend auf die Wiese zurückgescheucht, stand schon wieder eine andere im Acker. Erwischte ein Weidetier Kartoffel, so hatte ich Angst, es könnte sich verschlucken und vielleicht sogar ersticken. Größte Vorsicht war angesagt, wenn ein Kleeacker in Reichweite war. Fraß eine Kuh zu viel Klee, so bestand die Gefahr, dass es sie blähte und eine Notschlachtung notwendig wurde. Jedenfalls wurde es uns Hütern so eingeschärft.

Meistens war aber die Langeweile das größere Problem. Je später der Nachmittag wurde, um so aufmerksamer achtete ich auf die Schläge der Kirchturmuhr. Erst wenn es Fünfe schlug, durfte ich heimtreiben.

In einem Hüterjahr gehörte zur Herde auch ein junger, halbwüchsiger Ochse. Als ich einmal auf dem Heimweg am Dorfbach vorbeitrieb, aus dem die Tiere gerne tranken, rutschte das Öchslein so tief in den Bach hinein, dass es ganz unter Wasser stand. Meine Angst war furchtbar. Gottseidank kam das erschrockene Tier von selbst wieder heraus. Ich fürchtete den Bach jetzt noch mehr als vorher. Weil gegen Abend zahlreiche Kuhherden gleichzeitig auf dem Heimweg waren und alle gerne an dieser Stelle, wo der Bach zugänglich war, soffen, hatte ich immer Angst, ein Tier meiner Herde laufe versehentlich mit der falschen Herde mit und fehle mir dann. Die Tiere waren offenbar schlauer, als ich dachte. Ich brachte immer alle heim.

Auch als Hüterbub lernt man dazu. Mein Freund, dessen Eltern eine kleinere Landwirtschaft betrieben, hatte nur vier Stück zu hüten. Im Herbst 1945 kam uns der Gedanke, wir könnten doch unsere beiden Herden gemeinsam hüten und sie abwechselnd auf die Weide des einen und dann des anderen Anwesens treiben. Die Erwachsenen zeigten Verständnis. Und auch die Rindviecher vertrugen sich.

Am liebsten weideten wir auf einer großen Fläche von Mooswiesen, in deren Nähe keine Äcker waren. Dort gehörten einige Wiesen den Landwirten des Nachbardorfs und wurden von diesen wegen der zu großen Entfernung nicht abgeweidet. Außerdem bot unser Saubach, der dort vorbeifloss, reichlich Abwechslung. Wir fischten Treibholz heraus, zogen riesige Torfbrocken aus dem Wasser und bauten schließlich mit den Drähten einer gegen Kriegsende zerschossenen Telegraphenleitung eine Sperre. An ihr blieben nicht nur Äste hängen. Fast jeden Tag sahen wir weiße Flecken in den Drähten hängen, die wir schnell als Präservative – bei uns hießen sie Pariser – ausmachten. Wir angelten sie heraus, füllten sie mit Wasser und bewarfen uns mit den nassen Bomben oder bliesen sie als Luftballons auf. Wir banden sie auch an unsere Geißeln und trugen sie wie Trophäen auf dem Heimweg durchs Dorf.

Immer wieder wunderten wir uns, wie viele dieser sündigen Gummibeutel den Bach herunterschwammen. Was wir nicht wussten: In der Kreisstadt wurde das Abwasser in unseren Bach geleitet. Nach sechs Kilometern waren zwar die Fäkalien nicht mehr feststellbar, aber die Gummis hatten sich gehalten.

In diesem ersten Nachkriegsjahr sahen wir wiederholt amerikanische Soldaten, die mit ihren Gewehren auf die Jagd gingen oder fischten. Ein paar Mal kamen Soldaten am Bach in unsere Nähe. Wenn sie einen Fisch sahen, schossen sie mit dem Karabiner in der Nähe der Beute in das Wasser. Offenbar platzte dem Tier die Blase. Jedenfalls lag der Fisch dann bewegungslos auf dem Grund. Mein Freund, der etwas größer war als ich, sprang zweimal in den Bach und holte einen toten Fisch herauf. Als Lohn bekam er jedesmal eine Rolle Drops, die wir brüderlich teilten.

Ein Erlebnis dieses Hüterjahres blieb mir besonders gut in Erinnerung. Wir beobachteten, dass einige Tage nacheinander derselbe Ami als Hobbyjäger durch das Moos streifte. Nicht weit von unserer Wiese hütete eine junge Frau die Kühe eines anderen Bauern. Sie war in den letzten Kriegstagen im Dorf gestrandet und arbeitete auf dem Hof mit. Im Herbst trieb sie täglich aus, wie man für das Kühehüten sagte. Wir sahen nun, wie der Soldat sich an die junge Frau heranpirschte und sich länger mit ihr unterhielt. Auf einmal legten sich beide in den trockenen Graben, der unsere Wiesen voneinander trennten. Leider war der Graben so tief, dass wir sie nicht mehr sahen. Als der GI nach längerer Zeit in Richtung Militärflughafen aufbrach und die Frau endlich ihre Kühe ins Dorf trieb, blieben wir noch, bis sie außer Sichtweite war, und liefen dann an die Stelle, wo die beiden gelegen hatten. Und tatsächlich fanden wir den verwendeten Pariser als corpus delicti.

Der Lohn für meine Hütertätigkeit in einer Saison bestand neben der täglichen Brotzeit aus einer großen Tasche Äpfel und der Einladung, beim Kirchweihfest nach Herzenslust mitzuessen und mitzutrinken.

Als ich und nach mir die Brüder jeweils einige Jahre Hüterbuben gewesen waren, wären die Buben des jungen Bauern selbst für diesen Dienst alt genug gewesen. Aber stattdessen umgab man eine Wiese mit einem Weidezaun. Es genügte nun, das Vieh auf die Weide zu treiben und am Abend wieder heimzuholen. Und bald kam der Weidebetrieb ganz aus der Mode. Die Tiere blieben jetzt das ganze Jahr im Stall.

Aufklärung durch Tiere

Als der Sexualkundeunterricht zur Debatte stand und schließlich auch eingeführt wurde, war ich schon Lehrer. In meiner Kindheit war Aufklärung in der Schule kein Thema. Und auch meine Eltern – wie vermutlich die meisten anderen Väter und Mütter – kamen mit uns Kindern nie darauf zu sprechen. Ohnehin hatten wir auf dem Dorf genügend Anschauungsunterricht bei den Tieren. Irgendwann, vermutlich ziemlich früh, ging uns ein Licht auf: Bei den Menschen musste es mit der Fortpflanzung so ähnlich vor sich gehen wie beim Vieh. Trotz der nicht nur bei uns beengten Wohnverhältnisse schirmten die Erwachsenen ihr Sexualleben streng ab. War doch damals sogar jeder Austausch von Zärtlichkeiten vor anderen absolut unüblich. Ich habe nie gesehen, dass meine Eltern sich küssten oder streichelten. Dazu gehörte auch, dass man einer Frau, selbst der eigenen Mutter, beim Stillen möglichst nicht zuschauen, auf gar keinen Fall aber ihren Busen zu Gesicht bekommen durfte.

Auch bei der Tierzucht ließ man uns möglichst nicht zuschauen. Interessiert hat uns aber gerade das am meisten, wo man uns nicht dabei haben wollte. Führte ein Bauer eine Kuh am Strick auf der Dorfstraße, die ja meistens unser Spielplatz war, so schauten wir, ob sie auf dem Weg zu einem der beiden Metzger war oder zu dem Bauern, der den Dorfstier hielt. In letzterem Fall folgten wir in einem gewissen Abstand auf den Hof. Weil die Kinder dieses Bauern unsere Spiel- und Schulfreunde waren, fiel das nicht weiter auf. Hin und wieder wollte uns ein Landwirt aber nicht mitgehen und zusehen lassen. Dann gingen wir in den benachbarten Hof und schauten im Schutz einer Hollerstaude über den Zaun. Auf dem Hof stand eine nach vorne sich verengende Barriere aus Stangen. Hier hinein stellte der Kunde seine stierige Kuh. Er selbst blieb aus Sicherheitsgründen draußen. Der Stierhalter führte sein

Tier an einer kurzen Stange, die am Nasenring eingehakt war, hinter die Kuh. Auch er blieb außerhalb des Stangengerüsts. Der Stier sprang auf die Kuh. Im Nu war alles vorbei. Wir sahen den langen und dünnen roten Penis des Bullen.

Als ich im Spätsommer und Herbst die Kühe meines Bauern hütete, gehörte es zu meinen Aufgaben, dem Bauern zu sagen, wenn auf der Weide eine Kuh immer wieder versuchte, auf eine andere aufzuspringen. Dann wusste man nämlich, dass sie „stierig" war, also zum Stier getrieben werden musste, damit sie „aufnehmen" konnte.

Wurde eine Loas, wie in Altbayern die Mutterschweine heißen, zum Bären oder Saubären getrieben, so fiel das Zuschauen nicht so leicht, weil das Entscheidende im Schweinestall passierte. Da durften wir nicht mit hinein. Manchmal versuchten wir vom Nachbarhof her einen Blick durch das Fenster des Stalls zu werfen. Da ich zu klein war, musste ich in die Höhe springen, um in den Stall schauen zu können. Das gelang nicht oder nicht im richtigen Moment. Meine Kenntnis des Begattungsvorgangs bei Schweinen blieb weniger genau als bei den Kühen.

Unser Nachbar hatte immer drei Stuten. War eine von ihnen „rossig", spannte er sie vor das Gäuwagerl und fuhr mit ihr in die Stadt, wo ein Hengst gehalten wurde. Mindestens einmal durfte ich mitfahren. Als die Stute von der Deichsel genommen und der wiehernde Hengst aus dem Stall ihr zugeführt wurde, forderte der Bauer mich auf, nicht hinzuschauen. Er wollte wohl so seiner Aufsichtspflicht nachkommen. Das Verbot bewirkte natürlich das Gegenteil. Ich schaute genau hin und gewann einen bleibenden Eindruck.

Einige Male kamen wir auf dem Schulweg dazu, wenn zwei Hunde aneinander hingen und nicht mehr auseinander kamen. Es passierte dann schon einmal, dass ein Erwachsener mit einem Eimer kalten Wassers dem Schauspiel ein rasches Ende zu bereiten versuchte. Hunde gab es im Dorf viele. Sie waren alle nicht reinrassig, hießen häufig Lumpi und liefen frei herum. War nun eine Hündin läufig, so konnte sich ihr Besitzer der männlichen Liebeswerber kaum erwehren. Zur Abschreckung wurden dem Verliebten, wenn man ihn erwischte, mit einem Strick leere Dosen an den Schweif gebunden. Der vertriebene Liebhaber schepperte dann fliehend durch das Dorf. Eine noch gemeinere Methode war es, einem liebeshungrigen Rüden den Schweif in ein halb gespaltenes Holzscheit zu klemmen. Von dieser Unsitte rührt die Redensart her, man habe einen „heimgescheitelt". Man gebrauchte den Ausdruck, wenn ein unerwünschter Konkurrent aus der Nähe der Geliebten, vor allem von ihrem Kammerfenster, verscheucht wurde.

In jedem Bauernhaus gab es Hühner und einen Gockel. Dass ein Hahn auf dem Hof oder auf der Straße einer Henne nachlief, sie mit seinem Schnabel an den Halsfedern festhielt und „duckte", war kein besonderes Ereignis. Immerhin verdankten wir dem Liebesleben im Hühnerhof die Erkenntnis, dass die Henne sich aufplusterte, sobald der Hahn abstieg, ein Zeichen dafür, dass es ihr gut getan hatte, obwohl sie vorher vor dem Hahn hatte weglaufen wollen.

Mit Interesse und Wohlgefallen beobachteten wir auch das Liebesleben der Tauben auf den Dächern. Sah einer, wie sich ein Tauberer eine Täubin nahm, dann machte er die Spielgefährten darauf aufmerksam und rief: „Schaugts hi!"

Kein Wunder, dass bei uns Buben zur Zeit der beginnenden Pubertät Ausdrücke aus der Viehzucht für erste zweigeschlechtliche Regungen verwendet wurden. So nannten wir Mitschülerinnen, die uns interessierten – meistens handelte es sich um die, verglichen mit den Mädchen vom Dorf, etwas besser gekleideten Evakuierten aus München oder um Flüchtlinge – einfach „stierig" oder „bärig". Was heute die Jugendlichen als cool bezeichnen, war bei uns bärig: So konnte eine sportliche Leistung ebenso bärig sein wie ein beliebiges aufregendes Ereignis.

Wollten wir ausdrücken, dass ein Mannsbild mit einer Frau geschlafen hatte, so sagten wir, er habe sie „gesprungen". Bald bekamen wir auch heraus, dass die Erwachsenen das Gleiche meinten, wenn sie von „mausen" redeten.

Dass wir die Ohren gerade dann spitzten, wenn wir die Großen über etwas sprechen hörten, was wir nicht mitbekommen sollten, versteht sich von selbst. Ob aber die Erwachsenen auch ahnten, dass wir Kinder unsere diesbezüglichen Gespräche ebenfalls vor ihnen verheimlichten und darauf achteten, sie über unseren sexuellen Kenntnisstand im Unklaren zu lassen, bezweifle ich.

Ochse Max – der faule Hund

Natürlich wurden die Schimpfwörter der heimischen Tierwelt entnommen. Und wenn wir Kinder untereinander in Streit gerieten, gebrauchten wir alle Ausdrücke, die wir bei Erwachsenen aufgeschnappt hatten, ohne immer gleich zu verstehen, was genau gemeint war. Sehr wohl aber hatten wir ein Gespür für die Abstufung der Bezeichnungen von harmlos bis sehr schlimm. Zuhause hörte ich schlimme Namen nicht. Höchstens nannte mich die Mutter tadelnd „Facke"(Ferkel), wenn ich nicht aufgepasst und mich schmutzig gemacht hatte.

Mehr Anerkennung als Verachtung bedeutete es, wenn einer Hundling, Hund oder gar „varreckta (verreckter) Hund" genannt wurde. Beim „Hundskrippe" stand schon der Tadel im Vordergrund und ein „gscherter Hund" war einer, der sich unfair verhalten hatte. Gleiches gilt für den „gscherten Hamme". Ein „Dreckhamme" oder „Dreckbär" war, wer es an Sauberkeit fehlen ließ, selbst schmutzig war, kein sauberes Gwand anhatte oder seinen

Hof nicht regelmäßig kehrte. War einer ein „Saubär" oder einfach ein „Bär", womit immer der Eber gemeint war, oder ein „Stier", so dachte man an einen Schürzenjäger oder einfach einen rücksichtslosen Kerl. Übrigens sagten wir zum männlichen Rind nicht Stier, sondern Bummerl. Einen Menschen Bummerl zu heißen, war weniger schlimm als ihn mit dem hochdeutschen Ausdruck zu charakterisieren. Ein Bummerl war einfach einer mit einem richtigen Dickschädel.

Bei Frauen war es noch verhältnismäßig harmlos, wenn man sie als „dumms Kaiwe", „blinde Kua", „Schaf" oder „Henna" titulierte. Schlimmer waren schon die „dumme Gans", „blede Kuah" oder das „Mistviech". Letzteres war ein durchtriebenes Weibstück, vergleichbar dem Sauhund bei den Männern. Ich erinnere mich noch gut daran, wie mir ein Nachbar einmal die Frage stellte, was das sei, zwei Frauen und 98 Hühner. Die Antwort wäre gewesen: 100 Mistviecher! Dem Dreckbären entsprach die Drecksau oder Drecklaos. Wurde eine als „Matz" bezeichnet, womit eigentlich eine läufige Hündin bezeichnet wird, so war das eine schlimme Beleidigung.

Die höchste Stufe eines Schimpfwortes war erreicht, wenn ein Mann mit einem Wort angegangen wurde, das eigentlich auf Frauen gemünzt war, wenn also jemand ein männliches Wesen Matz oder Drecksau nannte. In diesem Zusammenhang ist auch der böse Ausdruck „Saupreiss" zu sehen. Ist doch in Bayern mit Sau immer ein weibliches Schwein gemeint. Dass ein weibliches Wesen mit einem männlichen Tiernamen beschimpft wurde, habe ich nie erlebt.

Wie der Teigaffe, der „Toagaff", als ausgesprochener Exote in den bayerischen Schimpfwörterkanon geriet, ist mir schleierhaft. Genausowenig weiß ich, warum man von einem zaundürren weiblichen Wesen sagte, sie sei eine „ausgsuzlte Gottsackerfliagn". Diesen groben Ausdruck gebrauchte man natürlich nie direkt gegenüber einer Frau, sondern nur, wenn man über eine abfällig redete.

76

Auch der Esel war als Schimpfwort nicht üblich. Schließlich gab es im Dorf keinen echten Esel. Die einzige Ausnahme hatte einen biblischen Hintergrund: Wen am Palmsonntag in der Familie als letzten der Bettzipfel ausließ, der wurde als Palmesel gehänselt.

Natürlich durften wir Kinder uns nicht unterstehen, Erwachsenen gegenüber Schimpfnamen zu gebrauchen. Auch untereinander war Zurückhaltung geboten, wenn Erwachsene in der Nähe waren. Richtig loslegen konnten wir aber gegenüber den Tieren, vor allem beim Kühehüten. Auch hier machten wir es den Erwachsenen nach. Nannte der Bauer den Ochsen Max, wenn er ihm zu langsam ging, einen faulen Hund, so schrie ich eine Kuh als Schindermatz an, wenn sie ihren eintönigen Speiseplan aufbessern wollte und, anstatt auf der Weide zu grasen, auf den Kartoffelacker daneben lief, um Kartoffeln zu fressen. Eine Kuh, die der Gerblvater bei einem anderen Landwirt des Dorfes mit dem Hofnamen Brückl gekauft hatte und die sich als ziemlich störrisch entpuppte, wurde von den Bauersleuten und von mir, dem Hüterbuben, nur als Brücklmatz bezeichnet. Dabei hätte sie wie ihre Kolleginnen einen guten altbayerischen Vornamen gehabt. Die Namen waren hinter jeder Kuh mit Kreide auf eine kleine Tafel an der Wand geschrieben. Sie hießen zum Beispiel Lisl, Kathi, Leni, Fanni, Nanne, Zenzi, Rosa oder Babet, wie man in Altbayern für Barbara sagte. Bei der Brücklmatz wusste ich den richtigen Namen vermutlich gar nicht.

Ein Auge ist, das alles sieht

Als ich noch nicht zur Schule ging, nahm mich am Sonntag meistens meine Mutter zum Gottesdienst mit. Da wir keine alteingesessene Familie waren, hatten wir keinen eigenen Platz in den

Bänken des Kirchenschiffs. Der Herr Pfarrer hatte daher der Mutter erlaubt, in dem über der Sakristei liegenden und durch diese zu erreichenden Raum, von dem aus man durch ein großes Fenster auf den Altar und in den Kirchenraum hinunterschauen konnte, ihre Sonntagspflicht zu erfüllen.

War die Mutter krank oder aus einem anderen Grund am Kirchgang gehindert, nahm mich der Vater mit. Sein Platz befand sich auf der Männerempore, wo nach meiner Erinnerung keine bezahlten Plätze vergeben waren. Ich saß dann mehr oder weniger verloren unter den Männern, die nicht immer andächtig waren, auch halblaut redeten oder einfach dösten. Sobald der Pfarrer zur Predigt auf die Kanzel stieg, nahm auf der Empore die Aufmerksamkeit zu. Denn jetzt hatte der Geistliche seine Männer auf gleicher Augenhöhe fest im Blick. Die Kanzel ist auf der rechten Seite der Kirche zwischen dem rechten Seitenaltar und der Empore. Schaute

Die barocke Pfarrkirche
Sankt Georg.

78

ich dem gestikulierenden Prediger zu, so fiel mein Blick auf den Altar davor. Ich sah in der Mitte das Gemälde mit den vierzehn heiligen Nothelfern und zu dessen beiden Seiten die Statuen der Pestheiligen Sebastian und Rochus. Am meisten beeindruckt hat mich aber das im Scheitel des Altaraufbaus dargestellte Auge Gottes. Es war sozusagen die Ursache für meine ersten Gewissensbisse. Früh hatte man offenbar uns Kindern den Spruch beigebracht: „Ein Auge ist, das alles sieht, auch was bei finstrer Nacht geschieht!" Es war also Gott, den wir „Himmelvater" nannten, nicht entgangen, wenn ich in unserem Laden heimlich ein Bonbon genommen hatte, wenn ich mir den Hals nicht richtig gewaschen, einen lästigen elterlichen Arbeitsauftrag absichtlich vergessen oder einen frühen unkeuschen Blick auf meinen eigenen Körper gewagt hatte.

Sobald es donnerte, sagten die Erwachsenen zu uns Kindern: „Da Himmevata schimpft!" Hier wurde der liebe Gott sozusagen prophylaktisch als Erzieher missbraucht. Man ging davon aus, uns würden unsere Sünden schon einfallen, wenn Gott grollte. Auch manche Erwachsene drückte offenbar bei Gewittern ihr schlechtes Gewissen. Die Mutter erzählte mir, wenn es wieder einmal donnerte und blitzte, von einem Bauern, der regelmäßig gottserbärmlich fluchte, bei Gewittern aber in den finsteren Gang flüchtete, der vom Wohnbereich in den Stall führte, und sich dort ständig bekreuzigte.

Je drohender ich Gott Vater empfand, um so harmloser und freundlicher begegnete uns Christus als das Jesuskind. Großeltern und Eltern beteten mit mir:

Jesuskindlein komm zu mir!
Mach ein frommes Kind aus mir!
Ich bin klein, mein Herz ist klein
Kann niemand hinein als du, mein liebes Jesulein.

Sobald ich, noch keine sechs Jahre alt, eingeschult wurde, war mein Platz in der Kirche im Kindergestühl, das man irgendwann, als das Kirchenschiff zu klein geworden war, für alle Schulkinder in das Presbyterium eingebaut hatte. Nun hatte ich nicht mehr den Seitenaltar vor mir, sondern den Hochaltar, in dessen Mitte der heilige Georg, unser Kirchenpatron, hoch zu Ross, gerade mit seiner Lanze dem Drachen in den weit aufgerissenen Rachen stieß. Zu beiden Seiten dieser Figurengruppe standen die Statuen des heiligen Leonhard, des Viehpatrons, und des heiligen Aegidius. Während dieser als Attribut eine Hirschkuh an seiner Seite hat, war Leonhard an seiner eisernen Kette erkennbar. Diese Kette sollte ursprünglich die Rolle des Gottesmannes als Gefangenenbefreier herausstellen, verwandelte sich aber im Lauf der Jahrhunderte zur Kuhkette und damit der Heilige zum Beschützer der in der Landwirtschaft so wichtigen Tiere. Auch der Nothelfer Ägidius war für die bäuerliche Bevölkerung wichtig. Ist er doch nicht nur für die stillenden Mütter zuständig, sondern lässt sich auch bei Stürmen, Dürre und Feuersbrünsten anrufen.

Sozusagen ein Stockwerk höher im barocken Altaraufbau saßen die Apostelfürsten Petrus und Paulus. Während Petrus seinen imposanten Himmelsschlüssel schwang, hielt Paulus in der einen Hand das Schwert, in der anderen ein Buch. Sitzen mussten sie, weil sich das Gewölbe über ihnen verjüngte. Zwischen ihnen, ganz oben in der Mitte, wo das Kirchengewölbe am höchsten war, stand der heilige Florian und löschte mit seinem handlichen Holzschaff ein Haus, das ihm kaum bis an die Knie reichte und aus dessen Fenstern die Flammen züngelten. Während die anderen Heiligen in wallenden Gewändern geschnitzt waren, saß der heilige Georg in einer mittelalterlichen Ritterrüstung auf seinem Streitross und Florian, der Patron der Feuerwehrleute, erinnerte trotz seiner römischen Legionärsuniform mit seinem Schnurrbart eher an einen schneidigen Tiroler Bauernburschen als an einen hohen römischen

Der Hochaltar der Pfarrkirche. Im Vordergrund die später eingebauten und inzwischen wieder herausgenommenen Bänke für die Kinder. Auch bei den Kindern galt eine strenge Trennung der Geschlechter. Die Mädchen knieten links vom Gang, die Buben rechts.

Zivilbeamten, der er ja eigentlich gewesen war. Die Kinderbänke wurden bei der jüngsten Kirchenrenovierung wieder entfernt. Sie passten offenbar nicht zum Stil der Barockkirche. Und außerdem war der Bedarf nicht mehr gegeben, weil die Kinderschar auch in meinem Heimatdorf geschrumpft ist und man es mit dem regelmäßigen Gottesdienstbesuch ohnehin nicht mehr so genau nimmt.

Ein ganz besonderer Tag im Kirchenjahr war der Karfreitag. Die Großmutter hatte ihren sechs Kindern eingeprägt, am Karfreitag gehe sogar der schlechteste Christ dreimal in die Kirche. Die Mutter hielt sich an diese Vorgabe und schickte uns Kinder dementsprechend nicht nur in den Gottesdienst mit den unendlich langen Fürbitten, der Kreuzverehrung und der „zerstörten Messe", sondern auch in die Kreuzwegandacht und zur privaten Verehrung des Heiligen Grabes, das jedes Jahr in der Skapulierkapelle an der linken Seite des Kirchenschiffs aufgebaut wurde. Diese Kapelle war von der früher weit verbreiteten Skapulier-Bruderschaft finanziert worden. Eindruck machten nicht nur die vielen, in kräftigen Farben leuchtenden Glaskugeln, die in großer Zahl den hölzernen, aber durch die Bemalung ein Steingrab vortäuschenden Aufbau schmückten, und der tote Heiland, der auf seinem Kreuz im Grab lag. Noch stärker beflügelten die kindliche Phantasie die beiden auf dem Boden vor dem Grab stehenden Wächter. Diese zwei Holzfiguren waren als römische Legionssoldaten gestaltet und verkörperten mit ihren grimmigen Gesichtern sozusagen die Bösen, die an der Ermordung Christi schuld waren.

Als ich Ministrant wurde, war ich lange der Kleinste. So rutschte ich bei der Karfreitagsliturgie als letzter hinter dem Herrn Pfarrer und den anderen Ministranten auf den Knien durch das Kirchenschiff, um das an der Stufe zum Presbyterium liegende Kruzifix zu küssen. Da wir für diese kleine Prozession in der Sakristei die Schuhe ausziehen mussten, war es wichtig, keine „Kartoffeln" in den Strümpfen zu haben, um ja nicht die Andacht der zuschauenden Kirchenbesucher zu beeinträchtigen und sich selbst und damit die Familie zu blamieren.

In der dritten Klasse waren Erstbeichte und Erstkommunion fällig. Zur Vorbereitung mussten wir eine Zeitlang in den Pfarrhof kommen. Dabei durften wir sogar im Pfarrgarten unter den als Hecke dienenden Haselnussstauden nach liegengebliebenen Nüssen des letzten Herbstes suchen. Gefunden haben wir viele, aber taub waren sie fast alle.

Bei der Beichtvorbereitung brachte uns der Herr Pfarrer nicht nur den genauen Ablauf der Beichte bei, den wir wiederholt durchspielen mussten. Er gab uns auch praktisch anwendbare Hinweise zur Gewissenserforschung. Wichtig war der Unterschied zwischen lässlicher und schwerer Sünde. Beim Diebstahl nannte er als Anhaltspunkt, dass man bis zu einem Wert von zwei Mark noch von einer lässlichen, bei allem, was darüber war, aber von einer schweren Sünde ausgehen müsse. Kam einer bei der Erfüllung der Sonntagspflicht zwar zu spät, versäumte er aber keinen der drei Hauptteile der heiligen Messe, nämlich Opferung, Wandlung und Kommunion, so blieb es bei einer lässlichen Sünde.

Im sechsten Gebot wurde unterschieden zwischen Unkeusches denken, Unkeusches anschauen und Unkeusches tun. Als ich bei einer meiner frühen Beichten dem Beichtvater, er war zur Aushilfe aus der Nachbarpfarrei gekommen, unkeusches Tun gestanden hatte, fragte der mich: „Allein oder mit anderen?" Etwas verblüfft gab ich zur Antwort. „Allein und mit anderen". Darauf der Geistliche: „Mit Buben oder Mädchen?" Meine Antwort: „Mit Buben und Mädchen". Offenbar war nicht nur das Beichtkind, sondern auch der Beichtvater dabei überfordert, gelegentliche „Doktorspiele" oder bei Tieren beobachtete und dann nachgemachte Begattungsakte richtig einzuordnen.

Weil der Seelsorger den Eltern der Beichtkinder empfohlen hatte, den Tag der Erstbeichte für die kleinen Sünder durch etwas Besonderes hervorzuheben, buk mir die Mutter an diesem Tag einen Kuchen.

Nach der Beichte mussten wir Kinder zur Verrichtung der Buße uns nacheinander kurz an die Stufen der drei Altäre unserer Kirche knien. Die Nische für den vom Herrn Pfarrer regelmäßig benützten Beichtstuhl stand ganz nahe am rechten Seitenaltar. Obwohl wir unser Sündenbekenntnis ebenso flüsternd ablegten, wie der Beichtvater seinen Zuspruch und seine Ermahnung durch das Gitter flüsterte, habe ich einmal das Sündenbekenntnis eines Klassenkameraden, der in der Aufregung etwas zu laut redete, komplett mitbekommen. Es war mir eine große Beruhigung, als ich auf diese Weise erfuhr, dass sich seine Sünden mit den meinen ziemlich genau deckten, er also wie ich manchmal zornig oder geizig gewesen war, wir beide um Notlügen nicht ganz herumgekommen waren und sehr oft nur unandächtig gebetet hatten.

Fröschen

An Freitagen hatten beide Metzgereien des Dorfes geschlossen. Fleisch oder Wurst hätte an diesem fleischlosen Tag sowieso keiner gekauft. Das kirchliche Abstinenzgebot wurde befolgt, auch wenn manche Männer grantelten, wenn es nur eine Mehlspeise gab.

Frischen Fisch gab es im Dorf nicht zu kaufen. Inwieweit im Saubach heimlich gefischt wurde, weiß ich nicht. Jedenfalls war es verboten.

Ein Ausweg war das „Fröschen", also das Fangen von Fröschen, deren Fleisch man auch an Freitagen essen durfte, weil Frösche ein kaltes Blut haben wie die Fische. So erklärte es uns der Pfarrer im Religionsunterricht. Besonders in der Karwoche waren die Frösche gefährdet. Panierte Froschschenkel waren eine gefragte Delikatesse für den Karfreitag.

Bei meinem ersten Erlebnis mit gefangenen Fröschen kannte ich den religiösen Hintergrund noch nicht. Als vermutlich Vierjähriger schaute ich zu, wie die Söhne des Nachbarn die im Dorfbach oder einem der beiden Weiher gefangenen Frösche in einem Sack einige Male an die Stadelwand schlugen, um sie zu betäuben. Dann holten sie einen nach dem anderen aus dem Sack, hackten mit dem Beil auf einem Hackstock die „Froschhaxen" vom Rumpf und warfen sie in eine Schüssel. Tief beeindruckt von dem Erlebnis lief ich heim und erzählte, was ich beobachtet hatte. Ich demonstrierte den Eltern mit lebhaften Bewegungen, wie die Burschen die

Frösche betäubt und jeweils mit einem Hieb in zwei Teile zerlegt hatten.

Jahre später streifte ich mit meinem Freund außerhalb des Dorfes am Bach umher. Plötzlich sahen wir an einem Altwasser in einer Reihe nebeneinander tote Frösche liegen, denen die Schenkel fehlten. Mein Freund wusste, dass der Wirthans, ein Onkel von ihm und ein Sonderling, öfter zum Fröschen ging, die gefangenen Tiere mit seinem Taschenmesser massakrierte und nur den essbaren Teil der Beute heimtrug. Der Wirtshans war also da gewesen und hatte sich eine Mahlzeit gefangen.

Einmal meinte der Freund, wir sollten auch zum Fröschen gehen und seinen Eltern eine Freude machen. Wir suchten uns einen Sack und einen eisernen Rechen und zogen los. Tatsächlich machten wir reiche Beute und brachten sie stolz dem Vater des Freundes. Der schaute kurz in den Sack und stellte fest, wir hätten im Sack keine Frösche, sondern nur Kröten, die bei uns Protzen hießen. Wir mussten unsere Beute zum Bach zurückbringen, ließen sie am Wasser wieder aus dem Sack und ins Wasser hüpfen. Es blieb bei diesem einzigen Versuch. Seit damals kann ich Frösche und Kröten unterscheiden.

Gegessen habe ich Froschschenkel nur einmal in meinem Leben, und zwar Jahrzehnte später auf einer Fahrradtour mit einigen Freunden im Elsass. Einer von uns hatte sich in einem sündteuren Restaurant Froschschenkel bestellt, sie dann aber nicht gegessen, weil sie mit Knoblauch gewürzt waren. Wir anderen teilten uns das ungewohnte Gericht und probierten. Soweit ich weiß, hat sich keiner aus der Runde jemals wieder Froschschenkel bestellt.

Die erste heilige Kommunion
mit Fliederduft und Robinson

Die erste heilige Kommunion war ein aufregendes Ereignis. Nicht alles, was ich davon in Erinnerung behalten habe, war angenehm. In der Vorbereitungszeit mussten wir besonders oft die Werktagsmesse besuchen. Nachmittags hatten wir Kommunionunterricht im Pfarrhaus oder in der Kirche Proben. Der Einzug, gemeinsame Kniebeugen, das gleichzeitige Aufstehen, Niederknien oder Sitzen, das Aufstecken der Kommunionkerzen auf dem dafür aufgestellten Ständer, das gemeinsame laute Sprechen der Gebete, vor allem das würdige Herantreten an den Altar und der andächtige Empfang der konsekrierten Hostie wurden immer wieder geübt. Die Mädchen hatten ihren Platz je zwei hintereinander in den Kinderbänken links vom Gang, die Buben rechts.

Als Kleinster sollte ich in der vordersten Bank knien. Und ich sollte besonders auf die für die übrigen Gottesdienstbesucher möglichst unauffälligen Einsatzsignale des Pfarrers achten. Als ich bei einer der letzten Übungen vor dem Ernstfall einen Einsatz verpasste, weil ich einen Moment nicht bei der Sache gewesen war, wurde ich kurzerhand in die dritte Bank zurückversetzt. Ein anderer durfte oder musste nach vorne. Mein Platz war nun neben einem geistig behinderten Klassenkameraden, der einige Jahre älter war als wir anderen, schon mehr als einmal sitzengeblieben war und auch in den darauffolgenden Jahren nicht immer vorrücken durfte. Ich fühlte mich auch im übertragenen Sinn zurückgesetzt. Und deshalb habe ich diesen Vorfall bis heute nicht vergessen.

Dass man die heilige Kommunion nur absolut nüchtern empfangen durfte, war damals selbstverständlich. Nicht nur der Pfarrer, auch die Mutter mahnte wiederholt, nur ja aufzupassen, dass am Kommuniontag beim Zähneputzen nicht versehentlich etwas

Wasser hinuntergeschluckt und damit der Kommunionempfang unmöglich würde.

Das ausgiebige Exerzieren hatte Früchte getragen. Es wurde eine würdige Feier. Die Erwachsenen waren gerührt und wir Kinder waren glücklich, alles ohne größere Pannen hinter uns gebracht zu haben. Zuhause fragte mich dann meine Mutter, ob ich bei diesem feierlichen Gottesdienst auch für meinen Vater, der ja Soldat in Russland war, gebetet habe. Daran hatte ich nicht gedacht. Ich schämte mich sehr und behielt dieses Versäumnis bis heute im Gedächtnis.

Nach dem Gottesdienst gab es ein feierliches Frühstück. Auf dem Tisch stand ein großer blauer Fliederstrauch und erfüllte die Stube mit seinem Duft. Einige Tanten waren zu Besuch gekommen. Jede hatte mir eine kleine Bildtafel mit einem religiösen Thema zum

Als Erstkommunikant im Mai 1943 mit Kommunionkerze und dem vom Vater geschneiderten Kommunionanzug. Die dazu gehörende Hose war vermutlich meine erste lange.

Mutter mit uns drei Buben bei meiner Erst-kommunion.

Aufhängen mitgebracht. Die Taufpatin hatte außerdem eine kleine Torte gebacken. Sie war mit Marmelade gefüllt und vollständig mit einer dicken weißen Puderzuckerkruste überzogen, die mit viel Zitronenaroma getränkt war. Dieses Kunstwerk traf meinen Geschmack nicht. Es hielt sich daher länger als die zweite Torte, die ein gelernter Konditor aus der Nachbarschaft gestaltet hatte, nachdem wir ihm die nötigen Materialien gebracht hatten. Diese Torte war nicht nur größer, sondern viel besser. Sie war mit Pudding gefüllt, mit einer Kakaoglasur bedeckt, auf der mit Puderzucker „Zur heiligen Kommunion" geschrieben war, und rund herum mit Haferflocken bestreut. Eine Tante, die ledig und in einem Münchner Professorenhaushalt „in Stellung", also als Dienstmädchen beschäftigt war, hatte von ihrer Herrschaft für mich als Geschenke zwei Bücher mitgebracht, ein kleines Kindergebetbuch und eine illustrierte Jugendausgabe des Robinson Crusoe von Daniel Defoe.

Vom Herrn Pfarrer erhielt Tage nach dem Fest jedes Kind ein Kommunionbild zum Rahmen und Aufhängen. Wir durften aus dem Angebot auswählen. Wer in der Vorbereitungszeit am häufigsten die Werktagsmesse besucht hatte, durfte sich als erster ein Bild aussuchen. Für den säumigsten Kirchgänger blieb das letzte Bild und die Auswahl entfiel. Ich hatte einen Mittelplatz und brachte den Druck eines Hummelbildes heim. Das Bild wurde gerahmt und begleitet mich bis heute, auch wenn es irgendwann dem gewandelten Geschmack nicht mehr entsprach und in einer Schublade verschwand.

Die Tage nach dem Fest vertiefte ich mich in den Robinson Crusoe. Das war das erste Buch, das ich gelesen habe. Meine Mutter zeigte sich darüber enttäuscht, dass mich die Robinsongeschichte fesselte, ich aber kaum einen Blick in das kleine Gebetbuch warf.

Geburt eines Bücherwurms

Dass ich einmal ein ausgesprochener Bücherfreund würde und Lesen zeitlebens mein liebstes Hobby bliebe, war mir nicht in die Wiege gelegt. In meinem Elternhaus stand kein Bücherregal. Mutters Kochbuch hatte seinen Platz in einer Schublade des Küchenschranks. Im Kleiderschrank des Schlafzimmers lagen oben bei der Hutablage ein paar kleine Gebetbücher und unten auf dem Kastenboden zwei schwerere Bände, die ich beide noch besitze. Das eine, größere, war ein Hochzeitsgeschenk für meinen Vater. Ein Vetter, der Pfarrer war, hatte es ihm gegeben. Es trägt den Titel „Die Volkshochschule, darin die Heiligen uns lehren".

Weil dieses Legendenbuch neben vielen schwarzweißen auch eine Reihe ganzseitiger farbiger Bilder enthält, habe ich darin schon geblättert, als ich noch nicht lesen konnte. Besonders gefiel mir das Bild des heiligen Georg, der auf einem Schimmel reitend seine weiße Fahne mit dem roten Kreuz schwingt. Am Boden liegt ein grässlicher Drachen mit ausholendem Schweif, großen Flügeln und einem weit aufgerissenen Rachen. Dass diese Bildseite eingerissen und fleckig ist, zeigt heute noch, wie gern ich sie als Kind aufschlug. Ähnlich verhält es sich mit dem Bild des heiligen Nikolaus, das zwar nicht eingerissen, aber dafür noch schmutziger ist. Der gütig schauende Nikolaus trägt einen langen roten Mantel und die Mitra. In der einen Hand hält er den Bischofsstab und in der anderen einen aus heutiger Sicht lächerlich kleinen Beutel mit den Geschenken. Vor ihm stehen drei ängstlich, aber auch erwartungsvoll aufschauende Kinder.

An die kurze Heiligenvita hat der Herausgeber folgende handfesten Ratschläge an Eltern und Erzieher gefügt: „Erzieherisch kann auf die Kinder schon monatelang vor diesem Tag durch Hinweis auf Lohn oder Strafe durch den heiligen Bischof Nikolaus eingewirkt werden mit der Ermunterung, recht brav und fleißig zu sein. Doch sollen die Schreckmittel nicht allzu grob und drastisch sein."

Das andere, nicht so große, aber umso dickere Buch ist die „Christkatholische Hauspostille". Die Großeltern hatten sie der Mutter im Jahr meiner Geburt und aus Freude darüber geschenkt, dass das erste ihrer sechs Kinder verheiratet und nun ein Enkelkind geboren war. Als Widmung hatte der Großvater auf das erste Blatt geschrieben: „zum Andenken von deinen lieben Eltern Weihnachten 1934". Ich sah die Mutter manchmal darin lesen, wenn sie an einem Sonntag aus irgendeinem Grund nicht in die Kirche kam. Das Buch enthält eine Auslegung der Episteln und Evangelien für die Sonn- und Feiertage, Lebensbeschreibungen „vieler dem christkatholischen Volke liebwerter Heiligen" und aus den

Der heilige Georg in dem Buch „Die Volkshochschule, darin die Heiligen uns lehren.“

Das Bild von Sankt Nikolaus hat mich stark beeindruckt.

91

biblischen Lesungen „gezogene Glaubens- und Sittenlehren". Der Band ist bescheiden ausgestattet, ohne jeden Farbdruck und mit nur ganz wenigen Schwarzweißbildern. Er interessierte mich nicht und weist daher auch keinerlei Benutzerspuren auf.

Nicht so voluminös wie diese beiden Bände war Hitlers „Mein Kampf". Ich hatte ihn wohl nur einmal in der Hand und dabei festgestellt, dass das Buch als einziges Bild ein Porträt des Führers enthielt, wie wir es sowieso in unserer Wohnstube hängen hatten. Ich wusste weder, in welcher Schublade es lag, noch habe ich Vater oder Mutter jemals darin lesen sehen. Schließlich hat mein Vater seiner Lebtag kein Buch gelesen. Ihm genügte die Tageszeitung, die ihm aber immer wichtig war, auch noch im Altersheim. Die Mutter las zwar gerne, aber ihre Zeit reichte meist nur für Kurzgeschichten und den Fortsetzungsroman in der Tages- und später auch in der Kirchenzeitung. Eine Leihbibliothek gab es im Dorf nicht. Während des Krieges brachte der Vater einige kleinere Bücher mit Erzählungen in den Urlaub mit, die er als Weihnachtsgeschenk erhalten, aber nicht gelesen hatte. Diese Bändchen lasen Mutter und ich nacheinander. Sie fielen mir als bescheidene Bücherschätze zu. E. T. A. Hoffmanns Novelle „Meister Martin der Küfner und seine Gesellen" hat sich in meiner Bibliothek bis heute gehalten.

Wenn ich in meinem Gedächtnis krame und nach frühen Hinweisen auf die spätere Liebe zu Büchern und allem Gedruckten suche, fällt mir eine Szene vor Beginn des zweiten Volksschuljahres ein. An einem der letzten Ferientage war die Mutter in die Stadt geradelt und hatte mir für das neue Schuljahr die nötigen Bücher gekauft, ein Lese- und ein Rechenbuch. Verglichen mit heutigen Schulbüchern handelte es sich um äußerst bescheidene Broschüren. Das Lesebuch enthielt immerhin mehrere Zeichnungen, natürlich nicht in Farbe. Vermutlich hatte mich die Mutter ermuntert, mir diese Neuerwerbungen anzuschauen und mich so auf das neue Schuljahr einzustimmen. Jedenfalls nahm ich beide Werke und den Schemel aus der Stube und setzte mich zum „Lesen" mitten auf die Dorfstraße vor unserem Haus. Ich vertiefte mich in das Lesebuch, betrachtete die Zeichnungen und las einige kurze Texte. Das Rechenbuch interessierte mich nicht. Mein gestörtes Verhältnis zu diesem Metier blieb mir bis heute. Was mich schließlich von meiner Beschäftigung mit dem Lesebuch ablenkte, weiß ich nicht mehr. Als ich später aus der Nachbarschaft oder von der Dorfstraße heimkam, fragte mich die Mutter, wo ich die neuen Bücher hätte. Ich erschrak, fand auf der Straße weder Schemel noch Bücher. Schließlich klärte sie mich auf: Sie hatte beides von der Straße ins Haus geholt, als sie merkte, dass ich verschwunden war. An den Inhalt dieses Lesebüchleins kann ich mich ebenso wenig erinnern, wie an das der ersten Klasse.

Ganz anders war es dann im dritten Schuljahr. In dieses fällt der Beginn meiner Begeisterung für das Lesen. Das neue Lesebuch war ein richtiges Buch mit einem bräunlichen Leineneinband. Es enthielt den Lesestoff für die dritte und die vierte Klasse. Manche Gedichte, Geschichten und Holzschnitte behielt ich im Gedächtnis, nicht nur die, welche wir im Unterricht behandelt hatten. Ich habe in diesem Buch wirklich gelesen und über das Gelesene mit der Mutter gesprochen, die auch selbst gerne in dem Band las.

Leider weiß ich nicht, wann und wie mir dieses Lesebuch abhanden gekommen ist. Zu gerne hätte ich später überprüft, ob ich das eine oder andere Bild, einige Geschichten und vor allem Gedichtverse richtig in Erinnerung behalten hatte. Vor einigen Jahren entdeckte ich dann auf einem Flohmarkt beim Schmökern in einem Karton mit Büchern ein Exemplar dieses Lesebuchs. Natürlich kaufte ich das Buch, obwohl es deutliche Spuren eifriger Benutzung aufwies und der Einband zerschlissen war. Ich suchte und fand meine Lieblingsgeschichten wie J. P. Hebels „Das Mittagessen im Hof", L. Meilingers „Der Simmerl und sein Heiß" und K. Simrocks „Wer hängt der Katze die Schelle um?"

Ich fand die Bilder zum Wettlauf von Hase und Igel, vom Kampf Siegfrieds mit dem Drachen und die Illustration zu dem Schelmenstück „Das Gras auf der Stadtmauer". Sie zeigt drastisch, wie die Weilheimer einen Ochsen auf die Stadtmauer ziehen wollen, damit er das auf ihr wachsende Gras fressen kann. Die dem armen Tier aus dem Maul hängende Zunge erklären sie sich damit, dass der Ochse bereits die Zunge nach dem erspähten Futter reckt. Dass sie mit dem Strick der armen Kreatur den Hals abschnüren, darauf kommen sie nicht.

Von den Gedichten hat Mutter und mir eines ganz besonders gefallen. Wir konnten es beide auswendig. Später habe ich immer wieder versucht, die beiden Strophen aus dem Gedächtnis zu rekapitulieren. Und nun konnte ich nach sechzig Jahren feststellen, dass ich mir die Verse ziemlich genau gemerkt hatte. Das Gedicht heißt „Der Bauer und sein Kind" und stammt von einem mir nicht bekannten Julius Sturm. Es lautet:

> Der Bauer steht vor seinem Feld
> und zieht die Stirne kraus in Falten:
> „Ich hab´ den Acker wohl bestellt,
> auf reine Aussaat streng gehalten;
> Nun seh´ mir eins das Unkraut an!
> Das hat der böse Feind getan!"
>
> Da kommt sein Knabe hochbeglückt,
> mit bunten Blumen reich beladen,
> im Felde hat er sie gepflückt,
> Kornblumen sind es, Mohn und Raden.
> Er jauchzt: „Sieh, Vater, nur die Pracht,
> die hat der liebe Gott gemacht!"

In die dritte Volksschulklasse fiel auch die Erstkommunion, zu der ich den Robinson Crusoe geschenkt bekam, der meine Phantasie so fesselte und mich zum eifrigen Leser machte. Bald folgten einige gebrauchte Bücher, welche die Tante aus München mitbrachte, unter anderem die Märchen der Brüder Grimm, und schließlich die schon erwähnten Mitbringsel des Vaters aus dem Krieg.

Meine wenigen Bücher hütete ich wie einen Schatz in einem kleinen leichten Holzkoffer, den der Vater aus Russland mitgebracht hatte und der sich mit einem Vorhängeschloss absperren ließ.

Rote und gelbe Johannisbeeren

Zu jedem landwirtschaftlichen Anwesen gehörten ein Obstgarten und ein extra eingezäunter Kräutergarten, in dem Salat, Gemüse und Blumen gezogen wurden. In den meisten dieser Gärten wuchsen auch ein paar Johannisbeer- und Stachelbeersträucher. In allen anderen Gärten waren die Weinbeeren rot, nur wir hatten gelbe, weil unsere Pflanzen von meinem Onkel stammten, der ein kundiger Obst- und Beerenzüchter war. Er hatte sie wohl meinen Eltern geschenkt, als sie in meinem späteren Heimatdorf ein bescheidenes Häuschen erworben hatten. Eine frühe Erkenntnis war für mich, dass nicht nur die Kirschen aus Nachbars Garten besser schmecken als die eigenen. Während ich überall nach den roten Beeren Ausschau hielt und sie von den zwischen den Zaunlatten herauswachsenden Zweigen zupfte, notfalls auch einen schnellen Griff durch die Lücken im Zaun riskierte, waren unsere gelben Beeren bei den anderen Kindern besonders gefragt und entsprechend gefährdet.

Erwischen durfte man sich bei einem solchen, aus heutiger Sicht harmlosen Mundraub nicht lassen. Wenn wir Kinder in der Beichte bekennen mussten, öfter gestohlen zu haben, dann war fast immer der Diebstahl von Beeren und Obst gemeint, natürlich nicht in größeren Mengen, sondern immer nur als Gaumenfreude für den Augenblick.

In der Nachbarschaft und am Schulweg kannten wir alle Obstbäume, vor allem die nahe am Zaun stehenden, von denen auch Früchte auf die Straße fielen. Besonders begehrt waren die Kriacherl, runde, nur kirschgroße zwetschgenfarbige Früchte, die früher reiften als die Zwetschgen. Hinter unserem Haus stand ganz nahe am Zaun im benachbarten Obstgarten ein solcher Kriacherlbaum. Oft saß ich auf einer Zaunsäule und wartete, ob nicht einige der begehrten Früchte in unseren Garten fielen. Wenn sich gar nichts tat, half ich mit einem Steinwurf in die Zweige nach. Der Besitzer des Obstgartens – er hatte sein Wohnhaus einige Grundstücke weiter – schaute regelmäßig nach seinen Bäumen, um möglichst jeden Diebstahl zu verhindern, und drohte uns Kindern auch vorsorglich mit Schlägen, wenn er einen beim Stehlen ertappe.

In unserem Dorf war der Boden offenbar nicht gut geeignet für Kirsch- und Nussbäume. Auf dem Schulweg kam ich nur an einem Nussbaum und einem Weichselbaum vorbei. Beide Bäume standen nicht nahe genug am Zaun und in beiden Fällen trauten wir uns nicht in die Gärten, weil wir ihre Besitzer fürchteten.

In jedem Obstgarten standen mehrere Apfelbäume, ein oder zwei Birnbäume und mindestens ein Zwetschgenbaum. Nicht nur wir Kinder, auch die Erwachsenen warteten sehnsüchtig auf die ersten reifen Äpfel und Birnen. Immer wieder wurden wir ermahnt, ja keine „grünen Äpfel" zu essen. Man bekomme sonst schlimmes Bauchweh und werde krank. In einem richtigen Obstgarten stand meistens auch ein Baum mit Frühäpfeln. Sie hießen Jakobiäpfel, weil sie bereits am Jakobitag, d. h. am 25. Juli, reif waren, und leuchteten hellgrün.

Auf dem Hof unseres Nachbarn, auf dem ich einen Teil meiner Kindheit verbrachte, gab es keine Jakobiäpfel, sondern einen Baum mit „Bartlmääpfeln". Sie reiften etwas später, nämlich zum Bartholomäustag am 24. August, hatten rote Backen und schmeckten besonders gut. Ich saß manchmal am Abend mit den Bauersleuten auf der Bank vor dem Haus und wartete, ob nicht doch ein reifer Bartlmäapfel vom nur wenige Meter entfernten Baum fiel. Gepflanzt war dieser Baum wahrscheinlich deswegen worden, weil der Bauer selbst und sein vorgesehener Hoferbe, der dann, bevor er „übernehmen" konnte, in Russland fiel, Bartholomäus hießen. Gerufen wurden sie natürlich mit der Kurzform Bart.

Bei den Birnbäumen gab es welche, die ziemlich groß waren, aber verhältnismäßig kleine Früchte trugen, die Kletzen- oder Saubirnen. Wie der Name sagt, wurden sie entweder für den Winter zu Kletzen gedörrt, aus denen dann zu den Mehlspeisen, vor allem den Dampfnudeln, das beliebte Kletzentauch gekocht wurde, oder auch an die Schweine verfüttert.

Als einmal zwei Geschwister, ältere Mitschüler, gemeinsam auf den Zaun eines Bauernhofs kletterten, um an einige Birnen heranzukommen, blieb der Sepp mit einem Fuß zwischen zwei Zaunspritzln hängen und tat sich weh. Er lief mit seiner Schwester Mare heulend heim und bezog dann von seinem Vater noch eine gehörige Tracht Prügel wegen des versuchten Diebstahls. Das rigorose Vorgehen des Vaters machte im Dorf die Runde. Als die Bäuerin, welcher der Birnbaum gehörte, später die beiden Geschwister traf, meinte sie, sie hätten sich Birnen holen dürfen, ohne über den Zaun zu klettern. Sie hätten einfach nur fragen müssen.

Eine besondere Anziehungskraft hatte für mich der große Obstgarten meiner Großeltern. Hier gab es nicht nur mehrere Apfel- und Birnensorten, sondern auch je zwei riesige Kirsch- und Nussbäume, mehrere Haselnusssträucher und zwei Bäume mit Spelingen. Das waren gelbe, zwetschgenförmige Früchte, die es in unserem Dorf nicht gab und die schon deswegen besonders gut schmeckten. Ich durfte jedes Jahr im Herbst zwei Wochen zu meinen Großeltern. Regelmäßig klaubte ich mit der Großmutter das Fallobst auf, das dann an die Schweine verfüttert wurde. Besonders beeindruckt haben mich in diesem Obstgarten die Apfel- und Birnbäume, bei denen an ein und demselben Baum mehrere Sorten gediehen. Mein Onkel war wie der Großvater ein begeisterter Obstzüchter, der Bäume pelzte, sie also durch Aufpropfen anderer Triebe veredelte. Er wurde in der ganzen Gegend zum Pelzen von Obstbäumen geholt. Bei diesem Geschäft hat er in einem Nachbardorf ein junges Mädchen kennengelernt, das er dann heiratete. Leider hat sich auf die aus dieser Ehe hervorgegangenen Kinder die Liebe zum Obstbau und zur Bienenzucht nicht vererbt.

Quäle nie ein Tier zum Scherz

Zimperlich waren wir Kinder im Umgang mit Tieren nicht. Dass man Läusen, Fliegen und Wepsen als lästigem Ungeziefer möglichst den Garaus machte, war selbstverständlich. Wenn der Vater mit dem spitzen „Gickerlmesser" ein Hähnchen oder einer Suppenhenne abstach, dann schaute ich interessiert zu und war gespannt, ob das getötete Geflügel noch einige Sprünge machte oder noch in die Höhe flatterte, bis es den Geist aufgab. Wurden vor Kirchweih oder Weihnachten Enten und Gänse getötet, indem ihnen mit Hilfe eines Kochlöffels der Hals langgezogen und dadurch das Genick gebrochen wurde, so war auch das nichts Besonderes. Diese Tiere wurden nicht erstochen. Zum einen, damit die wertvollen Federn nicht blutig wurden und zum andern, weil das im Hals gestaute Blut mit dem Hals, dem Kopf und den Innereien zum Enten- oder Gansjung gehörte, auf das sich die Erwachsenen fast so freuten wie auf den Braten selbst.

Auf dem Schulweg kamen wir am Schlachthaus eines unserer beiden Metzger vorbei. Wenn die Tür offenstand, schauten wir natürlich hinein, ob gerade ein Tier geschlachtet wurde. Der Metzgermeister ließ uns am Eingang stehen, wenn er ein Kalb, eine Kuh oder einen Ochsen an den Hinterbeinen mit einem Aufzug in die Höhe wand, bis auch die Vorderfüße den Fußboden nicht mehr berührten und er dann mit der Axt zum tödlichen Schlag ausholte, bevor er dem Tier mit seinem großen Messer die Gurgel durchschnitt. Kühe und Ochsen bekamen übrigens ein Stück Tuch vor die Augen gebunden, damit sie möglichst nicht merkten, was ihnen bevorstand, und sich leichter zur Schlachtbank führen ließen. Wurde ein Schwein geschlachtet, dann war die Schlachthaustüre geschlossen, weil die Sau, der es an den Kragen ging und die nicht an einem Strick geführt wurde, sonst davongelaufen wäre. Im übrigen wussten wir Schulkinder sowieso alle, wie das Schlachten eines Schweines vor sich ging.

Mitleid kam am ehesten dann auf, wenn ein Tier getötet wurde, zu dem man ein besonderes Verhältnis hatte. So erging es mir, als der Vater für einen Münchner Geschäftsmann von einem armen Bewohner des Dorfes, der ein paar Ziegen hielt, ein Kitz kaufte, das dann einen Tag bei uns lustig in der Wohnstube und im Garten herumsprang, bis es zum Schlachten abgeholt wurde. Mitleid kam auch auf, als ich in einem nahen Bauernhof, in dem wir öfter mit den Kindern spielten, das Fell des Hundes aufgehängt sah. Wir hatten den Lux, wie er hieß, als altes gemächliches Tier nicht gefürchtet, wenn wir den Hof betraten. Was war geschehen? Der Bauer hatte seinen Hund geschlachtet, weil jemand Hundefett als Heilmittel zum Einreiben empfohlen hatte.

Noch schlimmer war es, als unser einziger Stallhase – er war weiß und hieß Hansi – während des Krieges von einem hilfsbereiten Nachbarn geschlachtet wurde. Wir hatten den Hansi, der irgendwann zum Braten werden sollte, in der schlechten Zeit auf-

Das Bauernhaus vom Seil. Zwischen den beiden Frauen der Hund „Luxe", der geschlachtet wurde, um das angeblich heilkräftige Hundefett zu gewinnen.

gezogen und regelmäßig an einem Straßengraben oder auf einer Wiese Futter für ihn gesucht. Neben Milchdisteln war vor allem der Scharf als Hasenfutter gefragt. Wir haben nicht zugeschaut, als Hansi getötet wurde. Und als er als Sonntagsbraten auf dem Tisch stand, war uns der Appetit vergangen. Der kleine Hasenstall blieb künftig leer. Hansi hatte keinen Nachfolger.

Der richtige Umgang mit Tieren wurde uns Kindern in der frühen Kindheit nahegebracht mit dem Vers: „Quäle nie ein Tier zum Scherz, denn es fühlt wie Du den Schmerz!" Wenn beim Spiel im kindlichen Übermut einer einer Fliege die Beine oder einem Maikäfer die Flügel ausriss, dann zitierten die Herumstehenden tadelnd diese Maxime.

Als wir dann zur Beichte gingen, musste man sich bei der Gewissenserforschung anhand des im Gottesdienst abgedruckten Beichtspiegels auch fragen, ob man Tiere gequält hatte. Zwei drastische Beispiele, mit denen uns der Herr Pfarrer Tierquälereien schilderte, blieben mir in Erinnerung. Er erzählte uns, als Münchner Großstadtkind habe er seine Ferien bei einem Onkel auf einem Dorf verbringen dürfen. Dort hätten ihm die Bauernbuben einmal einen gefangenen Frosch hingehalten und gefragt, ob er, der Stadterer, sich traue, den Frosch in den Mund zu nehmen. Wenn er die Schneid dazu habe, würden sie ihm einen Zwoaring, also eine Zweipfennigmünze geben. Er hat sich nicht getraut, weniger wegen der Sünde des Tierquälens, sondern weil es ihm grauste. Die gleichen bösen Buben habe er einmal beobachtet, wie sie Frösche zu Tode quälten, indem sie ihnen Strohhalme in den Hintern steckten und sie aufbliesen. Dass es sich dabei um eine abstoßende, grobe Tierquälerei handelte, war uns Schulkindern klar. Ich habe den grausamen Versuch nie gemacht und auch bei den anderen Kindern nicht beobachtet.

Eine andere schlimme Tierquälerei liegt mir heute noch auf der Seele: Die Erwachsenen waren bei der Feldarbeit. Mit meinem Freund trieb ich mich auf dem benachbarten Bauernhof herum. Wir hatten offenbar nur Unsinn im Kopf. Zuerst warfen wir einige Eier, die wir im Stadel fanden, an die Wand. Als eine Henne, die offenbar gerade ein Ei gelegt hatte, gackernd das Nest verließ, liefen wir ihr nach und warfen schließlich mit Steinen nach ihr. Als sie sich vor Angst zwischen der Stadelwand und einem Bretterstapel verkroch, und nicht mehr zurückkonnte, haben wir so lange mit Steinen nach ihr gezielt, bis sie sich nicht mehr rührte, sie also regelrecht gesteinigt. Damit unsere Missetat nicht aufkam, warfen wir das tote Tier in den Dorfbach, der wenige Meter hinter dem Haus vorbeifloss.

Die schlimmste Tierquälerei, die ich erlebte, ereignete sich 1945. Wenn ich mich mit der Kuhherde gegen Abend unserem Bauernhof näherte, musste ich laut rufen: „Kia keman!" Dann ging der Bauer oder der aus der Gefangenschaft zurückgekehrte Sohn in den Stall und kettete jede Kuh an ihren Platz an. Die Tiere fanden in der Regel ihren Standplatz selbst. Der kleine Ochse hatte manchmal Orientierungsschwierigkeiten. Als einmal der etwa zwanzigjährige

Bauernsohn die Kühe anhängte, stellte sich das junge Tier besonders ungeschickt an. Es stellte sich an den Stellplatz einer Kuh. Der junge Mann plagte sich mit ihm ab und schlug ihn immer stärker mit einem Stock auf den Kopf, damit es ein Stück rückwärts ging. Vergeblich. Das Tier wurde immer mehr geschreckt, der Bauernsohn geriet immer mehr in Rage und drosch fluchend auf das arme Tier ein. Ich konnte dem Trauerspiel nicht mehr länger zusehen und ging verstört aus dem Stall.

Als ich am nächsten Tag meine Herde wieder abholte, sah ich, dass unter dem einen Auge des Jungtiers eine blutige Strähne war. Der Wüterich hatte das arme Tier am Auge so verletzt, dass es auslief. Ich kann mir diese grausame Tierquälerei nur so erklären, dass der Bauernsohn Ärger mit seinen Eltern hatte, wahrscheinlich ein Mädchen heiraten wollte, mit dem die Eltern nicht einverstanden waren, und dann seine Wut am Ochsen ausließ.

Da der einäugige Ochse für den Metzger zu schade, aber auch nicht gut zu verkaufen war, blieb er, solange er lebte, auf dem Hof. Er hieß Max und tat als gutmütiges Rindvieh an der Seite eines Pferdes viele Jahre fleißig seine Arbeit. Und immer wenn er mir, als ich längst kein Hüterbub mehr war, begegnete, dachte ich an das schreckliche Erlebnis, das mich als Kind einige Nächte nicht hat schlafen lassen.

Krankheit, Tod und Begräbnis

In unserem Dorf gab es keinen Zahnarzt, keinen praktischen Arzt und natürlich auch keine Apotheke. Bei Zahnschmerzen kauften manchmal Erwachsene Zahnwehpulver, das in unserem Laden immer in kleinen blauen Päckchen vorrätig war und auch gegen Kopfschmerzen helfen sollte. Wir Kinder versuchten Zahnschmerzen durch einen Schluck kaltes Wasser, mit dem wir den Mund spülten, zu lindern. War das Plombieren eines Zahnes unvermeidlich, musste uns Vater oder Mutter auf dem Fahrrad in die Kreisstadt zu einem Zahnarzt bringen, der damals in der Regel ein Dentist war, also nicht Zahnmedizin studiert, sondern sein Handwerk erlernt hatte. Als Zehnjähriger konnte ich dann schon selbst in die Stadt radeln.

Weil Ärzte meistens die einzigen Akademiker mit einem Doktortitel waren, mit denen die Landbevölkerung zu tun hatte, nannte man den Arzt einfach Doktor. Gerufen wurde er nur, wenn es weit fehlte. Aber anders als heute kam der Herr Doktor dann wirklich ins Haus. Wenn die Mutter krank im Bett lag, wurde ich mehr als einmal vom Vater zum Strasserwirt geschickt, in dessen Haus die einzige öffentliche Telephonstelle des Dorfes war. Ich musste dann der Wirtin sagen, sie solle den Doktor anrufen und sagen, wo er gebraucht wurde.

Bis der Doktor dann aus der Kreisstadt mit seinem PKW wirklich kam, dauerte es oft lange. Erwarteten wir den Doktorbesuch, so wurde immer eine Schüssel Wasser, ein Stück Seife und ein frisches Handtuch bereitgehalten. Der Herr Doktor stellte nach der Untersuchung ein Rezept aus und der Vater musste dann mit dem Rad in die Stadt fahren und die Medizin aus der Apotheke holen.

Warteten wir auf einen Besuch des Hausarztes, so ergriff mich immer eine unheimliche Angst, nicht vor dem Doktor, sondern um die kranke Mutter. Ich verkroch mich dann in einem uneinsehbaren Winkel hinter dem Haus. War der Arzt weggefahren, verzog ich mich, auch wenn es erst später Nachmittag war, in mein Bett, weil ich Bauch- oder Kopfweh hatte oder mir einbildete, es zu haben.

Angst hatten wir Kinder eigentlich nur vor der Diphterie, die ansteckend ist, vor allem Kinder und Jugendliche trifft und damals tödlich sein konnte. Ich hatte Glück und blieb verschont. Scharlach- und Kinderlähmung erlebte ich erst, als ich schon im Internat lebte. Auch hier blieb es bei der Angst, wenn andere erkrankten.

Lag ich, weil ich „Friaserl", wie die Masern bei uns hießen, oder eine Erkältung hatte, einige Tage krank im Bett oder tagsüber auf dem Kanapee, dann brauchte kein Doktor zu kommen. Die Mama deckte mich fest zu, kochte mir Kamillentee und kaufte mir beim Metzger ein Paar Kalbsbratwürste, die besonders gesund sein und meinen Appetit anregen sollten.

Ein einziges Mal kam der Doktor zu mir. Ich war zusammen mit meinem Freund unterwegs gewesen, um im Moos schwarze Erde von Maulwurfshügeln für die Blumenkästen zu holen. Wir zogen das Heuwagerl, in das wir zwei Eimer gestellt hatten, über eine Wiese und schaufelten die Eimer voll. Plötzlich geriet ich mit einem Fuß in ein Loch, das eine Kuh in den feuchten Moosboden getreten hatte. Ich knickte um. Der Fuß tat weh und schwoll daheim an. Die Eltern fürchteten, der Fuß sei am Knöchel gebrochen. Der Doktor stellte fest, dass es nur eine Verstauchung war. Mama musste mir den Fuß einreiben – vermutlich mit essigsaurer Tonerde – und fest verbinden. Die Schwellung ging bald zurück und nach ein paar Tagen hörte auch der Schmerz auf.

Unser Hausarzt war der Dr. Deißböck. Er betrieb in der Kreisstadt seine Praxis, besuchte die Patienten in der Stadt und den umliegenden Dörfern, wenn er gerufen wurde. Gleichzeitig war er als Chirurg, Gynäkologe und Chefarzt am städtischen Krankenhaus tätig. In der Gegend bekannt war Deißböck nicht nur als ausgezeichneter Diagnostiker, der die Krankheiten seiner Patienten schnell und sicher erkannte, sondern auch wegen seiner sozialen Einstellung. Hat er doch immer wieder weniger betuchten Kunden gar keine oder nur eine stark reduzierte Rechnung gestellt. Und von manchen Landwirten, die ja damals noch häufig nicht krankenversichert waren, ließ er sich mit einem Zenterling, einem Stück geräuchertem Fleisch oder einem Gickerl entlohnen.

Besonders beliebt war er wegen seines unverwüstlichen Humors, der zwar von zartbesaiteten Gemütern, vor allem solchen, die aus einer anderen Gegend zugezogen waren, nicht immer verstanden, von den Einheimischen aber um so mehr geschätzt wurde. Manche seiner drastischen Äußerungen erzählt man sich heute noch. So begrüßte er bei einer Visite im Krankenhaus, als er die Türe zu einem mit mehreren Frauen belegten Zimmer öffnete, diese als „Krampfadergeschwader". Einen wehleidigen Patienten, der den Doktor wegen seiner zu häufigen Besuche in der Praxis nervte, fuhr er an: „Ja bist scho wieda da? Spar da doch die Geid für an Grabstoa!" Die Patienten wussten: Die raue Schale ihres Doktors verbarg einen guten Kern. Und wenn es ernst war, konnten sie Tag und Nacht mit ihrem Doktor rechnen.

Meine Mutter erzählte mir wiederholt und ohne jeden Groll: Der Arzt habe bei ihr, als er an ihr Krankenbett gerufen worden war, einen chirurgischen Schnitt vornehmen müssen, natürlich ohne Narkose. Während er mit dem Skalpell schnitt, habe er plötzlich ausgerufen: „Ja bist du a zache gselchte Sau!" Die verblüffende Bemerkung sollte wohl anstatt einer Betäubung den Schmerz einen Augenblick vergessen lassen.

In manchen Fällen, etwa wenn eine Blinddarmoperation fällig war, musste das Sanitätsauto kommen und den Patienten in das Krankenhaus bringen.

Die Geburten aber waren, von wenigen Ausnahmen abgesehen, Hausgeburten. Wenn es soweit war, rief man die Hebamme, einen Arzt nur bei besonderen Komplikationen. Bei der Geburt meines jüngsten Bruders war ich sieben Jahre alt. Eines Nachts holte mich mein Vater aus dem Bett und trug mich, ohne mir etwas anzuziehen – das Hemd hatte ich nachts sowieso an – in das Nachbarhaus. Man wollte mich im elterlichen Schlafzimmer bei der Entbindung nicht dabei haben. Am Morgen besorgte mir die Nachbarin von daheim etwas zum Anziehen, damit sie mich in die Schule schicken konnte. Sie brachte nicht nur Hose, Strümpfe, Pullover und Schuhe mit, sondern auch die Nachricht, dass ich einen kleinen Bruder bekommen hatte.

Nicht nur geboren, auch gestorben wurde in der Regel zuhause. Hatte jemand das Zeitliche gesegnet, so läutete der Mesner die „Zügglocke". Alle Dorfbewohner erkannten ihren Klang. Geläutet wurde diese Glocke, die wohl ursprünglich „Zügenglöcklein" hieß und verkündete, dass jemand die letzten Atemzüge hinter sich hatte, nur bei Sterbefällen. Ein Leichenhaus gab es im Dorf nicht. Aufgebahrt wurde die Leiche daheim im Sterbezimmer oder im Hausflur. Gewaschen und in den Sarg gepackt hat den Toten die „Totenpackerin". Sie wohnte im Gemeindehaus, das bei uns Armenhaus hieß. Ihre Aufgabe war es auch, zum „Kirchasagn" von Haus zu Haus zu gehen und „einzusagen", d. h. die Termine für die Rosenkränze und die Beerdigung mitzuteilen und im Namen der Angehörigen zum Besuch einzuladen. Für diesen Dienst bekam sie in der Regel in jedem Haus ein oder zwei Zehnerl als Lohn. Bei der

Das Gemeindehaus, „Armenhaus" genannt.

Beerdigung selbst betete sie, sobald der Geistliche die Zeremonie vollzogen und mit den Ministranten in die Sakristei zurückgegangen war, am offenen Grab ein oder einige Vaterunser vor und lud dann, wieder im Auftrag der engsten Angehörigen, zum Leichenmahl, das bei uns „Klagsuppe" hieß, in eines der vier Wirtshäuser ein. Es war üblich, dass die Totenpackerin als Lohn für ihren Dienst die Bettwäsche mitnehmen durfte, mit der das Sterbebett bezogen war.

Den Sarg fertigte einer der beiden Schreiner des Dorfes an. Ich erinnere mich gut daran, wie nach einem Todesfall der Schreiner im oberen Teil des Dorfes einen Sarg auf dem Wagen, der in erster Linie als Mistwagen diente, in ein Sterbehaus lieferte.

Starb jemand im Krankenhaus der Stadt, so brachte der von Pferden gezogene schwarze Totenwagen die Leiche unmittelbar vor der Beerdigung direkt zum Friedhof. Dieser Leichenwagen hatte einen hölzernen fensterlosen Kasten als Aufbau, in dem der Sarg mit der Leiche lag. Das Dach dieses Gehäuses war mit vier Brettern eingefasst, die verhinderten, dass die darauf liegenden Kränze herunterrutschten. Vorne auf dem Kutschbock saßen ein Mann und eine Frau, die am Friedhofseingang die beiden Türen an der Rückseite des Totenwagens öffneten, den Sarg herauszogen und den Leichenträgern übergaben.

Wer im Dorf gestorben war, wurde natürlich von Totenträgern auf einer geschulterten Tragbahre im Trauerzug, der von einem Kreuzträger, dem Pfarrer und den Ministranten angeführt wurde, zum Friedhof getragen. Ein Kind aus der Nachbarschaft des Verstorbenen trug das hölzerne Grabkreuz, das dann auf den frischen Grabhügel gesteckt wurde.

Die eigentliche Beerdigung fand immer vor dem Gottesdienst statt. Die Gläubigen wohnten danach dem Requiem mit Libera in der Kirche bei. Das „Libera" war vor der Liturgiereform des II. Vatikanums fester Bestandteil der Totenliturgie; dieses Segensgebet begann mit den Worten „Libera me, Domine…" – „Befreie mich, o Herr…" Währenddessen schaufelte draußen der Mesner das Grab zu, richtete die Kränze auf den Grabhügel und steckte in der Mitte das Grabkreuz in die lockere Erde. Bei den meisten Beerdigungsgottesdiensten lasen gleichzeitig mit dem Amt, das der Herr Pfarrer am Hochaltar zelebrierte, an den beiden Seitenaltären zwei Geistliche aus Nachbarpfarreien „heilige Beimessen". Beim Opfergang legten dann die erwachsenen Gottesdienstbesucher nicht nur eine Münze in den auf dem Tisch des Hochaltars aufgestellten Teller, sondern auch in die Teller an den beiden Seitenaltären. Jedem Zelebranten gehörte das Geld, das ihm in den Teller gelegt wurde als eine Art Trinkgeld. Manchmal sollen, wenn die Andeutungen Erwachsener stimmten, „beim Einlegen" in die Teller anstatt Münzen auch Hosenknöpfe „geopfert" worden sein.

Die Beerdigungen fanden grundsätzlich vormittags statt. Als Totenträger dienten vier Männer, die als Kleinlandwirte froh waren über einen kleinen zusätzlichen Verdienst und vor allem darüber, dass sie zum Leichenmahl eingeladen waren. Konnten sie doch zum Essen einige Halbe Bier kostenlos trinken. Wenn sie dann endlich, manchmal erst mitten am Nachmittag, sich auf den Heimweg machten, merkte man an ihrem Gang, dass sie dem Gerstensaft ausgiebig zugesprochen hatten.

Starb ein Auswärtiger im Dorf, so wurde er im kleinen Feuerwehrhaus aufgebahrt. Ich erinnere mich an einen Schäfer, der draußen im Moos bei seiner Schafherde tot aufgefunden worden war. Die Leute erzählten, neben ihm sei ein Rucksack voll leerer Bierflaschen gelegen. Wir Kinder schauten natürlich den Toten im Feuerwehrhaus an. In Erinnerung blieb mir, dass er noch seine genagelten Schuhe an den Füßen hatte, die unter der zu kurzen Decke herausragten.

Unmittelbar nach dem Ende des Krieges ministrierte ich bei zwei Beerdigungen, bei denen die Leiche am Feuerwehrhaus abgeholt

Das Feuerwehrhaus in der Dorfmitte. Im Hintergrund das abgebrannte Schneiderhiaslanwesen.

wurde. Einmal handelte es sich um einen deutschen Hauptmann, der kurz nach der Einnahme unseres Dorfes in einem Schützenloch tot aufgefunden worden war. Erzählt wurde, er sei wohl von den eigenen Soldaten durch einen Schuss in den Kopf getötet worden, weil er sie an der Flucht vor den Amerikanern hindern wollte. Der andere Tote war am Rechen des nahen Kraftwerkes aus dem Isarkanal geborgen worden. Er trug eine braune Uniform, aber keine Kennmarke. Er wurde als Unbekannter beerdigt. Außer dem Pfarrer, uns zwei Ministranten, den Leichenträgern und dem Mesner gab dem Toten niemand das letzte Geleit. Mir blieb unvergesslich, dass auf der Bahre eine kleine Blutlacke zu sehen war, als der Sarg in die Grube hinabgelassen wurde.

Osterhase, Nikolaus und Christkind

Bei uns war der Namenstag mindestens so wichtig wie der Geburtstag. Im Laden verkauften wir jedenfalls mehr Namenstagskarten. Entscheidend war, dass man bei beiden Anlässen als Kind nicht versäumte, den Eltern, Großeltern, Onkeln und Tanten Glück zu wünschen. Für diese Anlässe hatte ich wie die anderen Kinder auch die immer gleiche Formel parat. Sie hieß: „ I wünsch Dir ois Guate zum Namenstag (Geburtstag, Neia Jahr), dass'd gsund bleibst, lang lebst und an Himme kimmst!" Vor allem für die guten Wünsche zum Neuen Jahr schenkten die Erwachsenen meistens eine Zehnerl oder Fuchzgerl.

Zu meinen Namens- und Geburtstagen schlug mir die Mutter ein Ei in die Pfanne. Bald durfte ich mir bei solchen Anlässen das „Ochsenauge" im „Ochsenaugenpfandl" selber zubereiten. Auch bei der Großmutter bekam ich bei besonderen Anlässen ein Spiegelei. Bei ihr hieß es aber „Oarschmalz".

Stand das Osterfest bevor, so baute ich aus Moos oder grüner Holzwolle ein Nest, in das der Osterhase möglichst viele Eier legen sollte. Auch als ich nicht mehr an den Osterhasen glaubte, richtete ich ein Nest her. Stand ich am Ostersonntag auf, fand ich im Nest etwa zehn rote, blaue, grüne, orange und gelbe Eier und vor dem Krieg auch einen kleinen Hasen aus Schokolade oder gefüllter Waffel. Von der Gerbl Muatt erhielt ich ebenfalls gefärbte Eier. Auf dem Weg zum österlichen Hochamt trumpfte dann jedes Kind mit der Zahl der Eier auf, die es bekommen hatte. Beliebt war das „Oarpecka" unter den Kindern, aber auch daheim mit den Eltern. Zu der Aufforderung „Spitz auf Spitz" oder „Arsch auf Arsch" stieß man zwei Eier gegeneinander. Sieger war der, dessen Ei keine Delle bekam.

Weil ich als Kind ein schlechter Esser war, wurde ich von der

Mutter nie ermahnt, mich beim Essen der Eier zurückzuhalten. Ich steckte mir auch, wenn ich zum Spielen auf die Straße ging, gern ein paar in die Hosentasche. Es war ja möglich, dass sich ein Gegner zum Oarpecka fand. Als ich an einem Ostertag nachmittags mit anderen Kindern draußen war und schon eine Zeitlang ein geschältes Ei in der Hand hielt, kam unser Lehrerehepaar auf seinem Osterspaziergang vorbei. Wir grüßten, wie es sich gehört, und der Herr Hauptlehrer redete auch kurz mit uns. Da sah die Frau Hauptlehrer, dass mein Ei in der Hand nicht mehr weiß, sondern grau war, weil offenbar meine Hände nicht sauber waren. Sie forderte mich auf, mir die Hände zu waschen. Beschämt lief ich ins Haus und wusch mir die Hände. Das graue Ei ließ ich mir trotzdem schmecken.

Ein ähnliches Problem mit der Sauberkeit hatte ich auch schon vor meiner Schulzeit gehabt. Meine Mutter war zur Hochzeit einer Kundin den ganzen Nachmittag und Abend im Wirtshaus. Ich spielte mit der ein Jahr älteren Tochter der Braut vor dem Lokal. Die Mutter brachte mir ein Paar Kalbsbratwürste heraus. In jeder Hand hielt ich eine, vergaß aber das Essen. Als die Mutter später wieder nach mir sah, hielt ich die Würste immer noch fest. Sie waren aber jetzt nicht mehr weiß, sondern schmutzig grau. Als mir viele Jahre später das Essen allgemein und Würste im besonderen viel bedeuteten, erinnerte mich die Mutter mehr als einmal an die kalt und grau gewordenen Bratwürste von der Bauernhochzeit.

Wichtiger als Ostern war auf dem Dorf das Kirchweihfest, der Kirta. Kirchweihsonntag war wie heute auch der dritte Sonntag im Oktober. Auch der Montag war noch Feiertag. Heu und Getreide waren eingebracht, auch die Hackfrucht war im Keller. Nur die Krautäcker waren noch abzuernten. Als Erinnerung an die Weihe der Kirche wird auch heute noch an vielen Kirchtürmen die Kirchweihfahne ausgehängt. Sie hieß bei uns „da Zachäus" in Erinnerung an den Zöllner Zachäus, an dessen Haus Jesus in Jericho vorbeikam und der auf einen Baum geklettert war, um den Herrn zu sehen, der dann bei ihm einkehrte.

Am Kirchweihfest durften auf dem Bauernhof alle, auch ich, der Hüterbub, soviel essen und trinken, wie sie wollten oder besser gesagt, wie sie konnten. Es gab Gebratenes vom Schwein, Enten oder Gänsen. Unverzichtbar waren die Kirchweihnudeln und die Gerbl Muatt ließ auch einen Laib Kirtabrot beim Bäcker ausbacken. Der mit Gerstenmehl angerührte Teig ging stärker auf als das übliche Roggenbrot, die Kruste sprang auf und schmeckte besonders gut, Das Brot selbst war sehr hell, fast weiß.

In jedem Anwesen mit Kindern wurde in der Unterfahrt eine Schaukel, die „Kirtahutsch" errichtet. Es gab zwei Grundmodelle. Entweder saß man auf einem dicken etwa zwei Meter langen Brett, das mit Ketten oder Seilen an den Dachbalken befestigt war. Auf dieser Hutsch konnten ein halbes Dutzend Kinder gleichzeitig hin und her schaukeln. Die Alternative war ein kleines Brettchen, auf dem ein Kind sitzen oder zwei stehen konnten. Die beiden Seile, welche dieses Brettchen hielten, waren ebenfalls an einem Dachbalken, manchmal auch an einem starken Baumast festgemacht.

In unserem Haus war kein Platz für eine Kirchweihschaukel. Die Mutter buk auch keine Kirchweihnudeln. Trotzdem hatten wir immer welche, weil manche Bäuerin, stolz auf ihr Produkt, ein paar beim Einkaufen in den Laden brachte und weil der Vater um diese Zeit von seinen Kundenbesuchen – vermutlich hat er sie an Kirchweih intensiviert – nie ohne Kirchweihnudeln heimkam.

Ich freute mich auf den Kirta deswegen besonders, weil ich dann den ganzen Kirchweihsonntag, also zu allen Mahlzeiten, beim Gerbl eingeladen war. In den Jahren als Hüterbub kam hinzu, dass ich am Kirchweihsamstag nach dem Eintreiben der Kühe zum Abendessen bleiben durfte. Es gab dann immer Enten- oder Gansjung mit den nur in unserer Gegend bekannten Hauberküicheln, einem Schmalzgebäck aus Roggenmehl. Der Kirchweihsonntag war auch der einzige Tag in der Weidezeit, an dem die Kühe im Stall blieben, ich also nicht „austreiben" musste.

Der übliche Kirchweihtanz berührte mich natürlich als Kind nicht. Weil die Knechte und Bauernsöhne an Kirchweih beliebig viel Bier trinken durften, war der „Kirtarausch" eine nicht seltene Begleiterscheinung des Festes. Während des Krieges gab es aber nur Dünnbier, den sogenannten Scheps. So habe ich den ersten Kirtarausch erst 1945 bei Kriegsheimkehrern erlebt.

Der Nikolaustag am 6. Dezember war kein Fest, auf das wir Kinder uns freuten. Im Gegenteil. Die Erwachsenen, die Nachbarn wohl mehr als unsere Eltern, schürten die Angst vor dem „Miklos" schon Tage vorher. „Desmoi werd a de mitnehma" hieß es da oder „Heia werd a de richte durchlassn". So wie der Name Nikolaus zu Miklos verhunzt war, so hatte das zu erwartende Schreckgespenst nichts mehr zu tun mit dem gütigen Bischof, den ich vom Bild in unserer Heiligenlegende kannte, und auch nicht mit den farbigen Bildern, die auf die Nikolauslebkuchen aufgeklebt waren, wie wir sie im Laden verkauften. Diese Bilder zeigten eine Art Weihnachtsmann mit einem dicken roten oder blauen Mantel, einer pelzverbrämten Wollmütze in der gleichen Farbe, klobigen Filzstiefeln und einem weißen Vollbart. In der einen Hand hielt er eine Rute, in der anderen den Sack, in dem man die Geschenke vermuten konnte, der aber auch so groß war, dass ein Kind darin Platz gehabt hätte.

Wer bei uns im Dorf als Nikolaus gehen wollte, musste zwei Voraussetzungen erfüllen: Er hatte furchterregend auszusehen und er durfte auf keinen Fall von den Kindern erkannt werden. Das war nicht leicht, wo doch im Dorf jeder jeden kannte. Alle „Miklosen", die ich als Kind erlebte und auch fürchtete, hatten als Larve ein Stück Sackleinwand über den Kopf gestülpt, in das zwei Augenlöcher und ein Schlitz als Mundöffnung geschnitten waren. Als Mantel trugen sie entweder einen Wintermantel mit dem Futter nach außen oder ein aus Getreidesäcken zusammengeschustertes langes Gewand. Dazu kamen genagelte hohe Schuhe, Gummistiefel waren noch die Ausnahme. Die Rute oder einfach eine Geißel, ein großer Sack und eine Kuhkette gehörten zum Aufzug. Mit Peitschenknallen, Kettenrasseln und unartikuliertem Gejohle kündigte sich der Schreckliche an. Manchmal kam nicht nur einer polternd ins Haus. Ich erinnere mich, wie einmal vier gleichzeitig in unsere Stube drängten. Einer war noch ziemlich klein. Es waren offenbar die vier mehr oder weniger erwachsenen Brüder aus dem benachbarten Hof.

Stand ich dann mit schlotternden Knien vor dem oder den Unholden, so wurden die Eltern mit verstellter Stimme gefragt: „Is a brav gwen?" Je nach Antwort waren die folgenden Rutenstreiche oder Peitschenhiebe nur angedeutet oder heftig. Schließlich krächzte der unheilige Heilige: „Beten!" Hatte ich zitternd das Vaterunser hergesagt, folgte die eigentliche Bescherung. Äpfel, Nüsse und vielleicht ein Nikolaus aus Lebkuchen oder Schokolade wurden aus dem Sack auf den Boden geschüttet. Mit der Aufforderung „Brav bleibn!" verließ die Spukgestalt das Haus. Von draußen hörte man noch das immer leiser werdende Rasseln der Ketten und das Knallen der Peitschen.

Ein einziges Mal wurde ich wirklich in den Sack gesteckt und mitgenommen. Ich war bereits zehn Jahre alt und „glaubte" längst nicht mehr an den Nikolaus. Einer der fünf Söhne des Nachbarn, der noch nicht einrücken hatte müssen, machte den Miklos. Als ich mich nicht verängstigt genug zeigte, steckte mich der Vermummte in den Sack und schulterte ihn. Er kam nicht weit mit mir. War ich doch schon größer als der Sack. Mein Kopf schaute heraus. Ich zappelte nach Kräften. Auf dem Kopf dieses Krampus erkannte ich eine große Tüte, die die Nachbarin am Nachmittag bei meiner Mutter geholt hatte. Damit war ich sicher, dass dieser Nikolaus der Binder Max war. Nachdem er mich vielleicht fünfzig

Meter weit geschleppt hatte, ließ er mich wieder frei. Freudig und auch stolz lief ich ins Haus zurück und sagte der Mutter, woran ich den rabiaten Nikolaus erkannt hatte.

Die Angst vor Schlägen oder davor, in den Sack gesteckt und mitgenommen zu werden, blieb auch dann noch, wenn man den Miklos nicht mehr für eine übernatürliche Gestalt hielt, sondern einen Burschen aus der Nachbarschaft hinter der Maske vermutete.

Der Höhepunkt eines Kinderjahres war natürlich Weihnachten. Da die Christmette damals am frühen Abend gefeiert wurde, folgte die Bescherung erst anschließend. In den Bauernhäusern war zwischen Kirche und Bescherung die Stallarbeit zu erledigen. Die Andacht in den Kinderbänken war beim Gottesdienst gering. Mussten wir uns doch nicht nur zuflüstern, was wir uns vom Christkind wünschten. Interessanter war, was jedes Kind schon aus den Andeutungen der Erwachsenen über die Geschenke herausgehört oder in einem Versteck entdeckt hatte. Einen Wunschzettel an das Christkind aber habe ich nie geschrieben. Es genügte, den Wunsch den Eltern zu sagen.

Unverzichtbar war in allen Häusern ein wenn auch noch so bescheidener Christbaum. Unseren Christbaum bekamen wir immer vom Großvater geschenkt, der als Waldarbeiter für sich und seine verheirateten Kinder ein paar Bäumchen umhauen durfte. Diese Bäumchen waren mickrig und auch krüppelhaft; wollte doch der Großvater nie eine schön gleichmäßig wachsende Fichte fällen. Als Christbäume kamen für ihn nur Bäumchen in Frage, die sowieso bei der Pflege des Waldes störten. Mein Vater bemerkte nicht nur einmal kritisch, der Großvater schaue nur auf den Vorteil des reichen Waldbesitzers.

Auch beim Christbaumschmuck war der Aufwand bescheiden. Obwohl wir im Laden Christbaumkugeln anboten, schmückte die Mutter unseren Baum jedes Jahr mit unserem dürftigen Altbestand, der das Jahr über in einer Schachtel im Speicher aufbewahrt wurde. Auch das Lametta wurde immer wieder verwendet.

Kam ich von der Christmette heim, so brannten bereits die wenigen Kerzen am Baum, der auf der Nähmaschine der Mutter stand. Am Boden lag, was das Christkind gebracht hatte: Für jedes Kind ein Spielzeug und ein Teller mit Plätzchen – wir nannten sie „bacherne Guatl" – und Lebkuchen. Beim Ausstechen der Plätzchen durfte ich mithelfen, soweit ich zurückdenken kann. Gebacken wurde an einem Sonntagnachmittag. Dass sich die Eltern zu Weihnachten etwas geschenkt hätten, habe ich nie bemerkt.

Der Heilige Abend war ein Fasttag. Einen Festtagsbraten gab es erst am Weihnachtstag zum Mittagessen.

War das Christkind im Elternhaus dagewesen, durfte ich immer zum Gerbl gehen, wo die Bescherung erst später, nämlich nach der Stallarbeit erfolgte. Während die anderen noch im Stall beschäftigt waren, hatte die Muatt in der ausnahmsweise geheizten Stube die Geschenke ausgebreitet. Weil ich meistens zu früh dazukam, durfte ich ihr helfen. Für die siebenköpfige Familie und für mich wurde je ein Suppenteller mit Lebkuchen und Plätzchen auf die lange Wandbank gestellt. Die vier Söhne und der Bauer bekamen jeder ein Paar Socken oder Fäustlinge, die die Bäuerin im Lauf des Jahres gestrickt hatte. Die Bett, die einzige Tochter, freute sich über ein Stück Leinen oder Wäsche für ihre Aussteuer.

Während des Krieges mussten nacheinander alle vier Söhne einrücken. Es gab nichts mehr zu kaufen für die Aussteuer der Tochter. Auch Strickwolle für die Socken und Handschuhe hätte es nicht gegeben. Aber dafür war auch kein Bedarf, weil die Soldaten vom Führer versorgt wurden. Geblieben ist für den Rest der Familie und auch für mich der Teller mit dem Gebäck. Weil die Lebkuchen beim Gerbl noch dicker und die Plätzchen noch größer waren als bei uns, hielt sich dieses Weihnachtsgeschenk bei mir ziemlich lange. Beneidet habe ich die Bauersleute um ihren Christbaum, der nicht nur voller und ebenmäßiger war als der unsere, sondern auch mit Engelshaar geschmückt war. Warum meine Mutter das Engelshaar nicht leiden konnte und meine diesbezügliche Bitte nie erhört wurde, weiß ich bis heute nicht.

In lebhafter Erinnerung blieb mir der erste Heilige Abend nach dem Krieg. Die Verdunkelungspflicht war hinfällig geworden. Auf dem Heimweg von der Mette konnten wir durch die Fenster in zahlreiche Stuben schauen, wo schon die Kerzen am Christbaum leuchteten. Enttäuscht war ich, als ich erwartungsvoll in unsere Stube kam, aber feststellte, dass das Christkind noch nicht gekommen war. Der Vater nähte noch an einem Mantel, der als Weihnachtsgeschenk fertig werden musste. Die Mutter stand im Laden und betreute Kunden, die in letzter Minute ein Geschenk brauchten oder denen für das Schmücken des Baumes Lametta, Engelshaar, Kerzenhalter oder Kerzen fehlten. Die Mutter rief mir zu, ich solle schon anfangen, die Kugeln an unseren Baum zu hängen. Von da an fiel mir jedes Jahr die Aufgabe zu, den Christbaum zu schmücken. Und so blieb es, bis ich eine eigene Familie gründete und dann natürlich auch den Baum herrichtete, freilich inzwischen mit viel mehr Kugeln.

Das Heuwagerl

Als ich sechs Jahre alt war, brach mit Hitlers Überfall auf Polen der Zweite Weltkrieg aus. In diesen ersten Kriegswochen kamen die Eltern meiner Mutter zu Besuch. Während uns sonst nur der Großvater mit dem Fahrrad besuchte und die Großmutter, die kein Rad besaß und vermutlich auch nie gelernt hatte zu fahren, daheim blieb, erschienen diesmal beide zusammen. Sie waren mit der Bahn gefahren und dann zu Fuß von der Kreisstadt die sechs Kilometer in unser Dorf gegangen. Sie hatten einen Käfig mit zwei Hühnern mitgebracht. Aus der leidvollen Erfahrung des Ersten Weltkrieges heraus, waren sie der Meinung, im Krieg werde es zu Versorgungsproblemen kommen. Und da sei es gut, Selbstversorger zu sein. Die beiden Hühner sollten uns künftig die Eier legen. Wir hatten von da an während des Krieges und die Jahre danach immer eine kleine Hühnerschar, einmal sogar einen eigenen Gockel.

Weil der Hühnerkäfig nicht leicht zu tragen war, hatte sich der Großvater entschlossen, in der Stadt einen kleinen Leiterwagen zu kaufen. Solche „Heuwagerl" waren damals weit verbreitet, jedenfalls in Familien mit Buben. Sie nützten auch den Erwachsenen für Kleintransporte. Alles, was heute im Kofferraum eines Autos verstaut wird, wurde mit diesen kleinen Leiterwägen befördert.

Und nun hatten mir die Großeltern ein solches Fahrzeug mitgebracht. Es leistete viele Jahre mir und dann auch den jüngeren Brüdern wichtige Dienste. Musste ich auf den kleinen Bruder und etwas später auf beide Brüder aufpassen, so setzte ich sie in das Wagerl und zog sie durch das Dorf. War ich mit älteren Nachbarsjungen unterwegs, trieben wir Unfug, indem wir das Gefährt einen Abhang hinunterlaufen ließen. Der Fahrer saß allein oder mit einem Mitfahrer im Fahrzeug und nahm die Deichsel zum Lenken zwischen die ausgestreckten Füße. Obwohl wir oft umgeworfen haben, ist nie etwas Schlimmeres passiert.

Im Herbst beluden wir den kleinen Wagen mit goldgelbem Laub und brachten es den Eltern des Freundes zum Einstreuen. Als es einmal eine Maikäferplage gab, fuhren wir mit zwei leeren Eimern vor das Dorf und schüttelten die Maikäfer von den Sträuchern. Wir sammelten sie mit bloßen Händen auf und brachten tatsächlich beide Eimer voll. Aber was soll man mit so viel Maikäfern anfangen? Die Mutter des Freundes wusste Rat: Sie verfütterte die Tiere an ihre Hühner.

Es gab auch sinnvollere Einsatzmöglichkeiten für mein Gefährt: Mit einem Eimer und einer Mistgabel ausgerüstet, wurden wir aufs Feld um Kartoffeln geschickt. Wir hatten bei unserem Bauern einen eigenen „Bifen", wie ein Streifen mit Kartoffeln, Kraut oder Rüben auf dem Acker genannt wurde. Dafür musste die Mutter ohne Lohn dem Bauern beim Kartoffelklauben helfen.

Nach der Getreideernte sind wir, manchmal war auch die Mutter dabei, zum „Ehern" gefahren. Auf den abgeernteten Weizen- und Roggenfeldern lasen wir die liegengebliebenen Ähren auf, banden sie zu Büscheln und fuhren sie im Heuwagerl heim. Die gesammelten Ähren eines Herbstes wurden dann zum Dreschen, anschließend die Körner zum Müller gefahren, von dem wir dafür ein Säckchen Mehl bekamen.

Hatte es ein Hochwasser gegeben, was vor der Regulierung des Baches ziemlich regelmäßig der Fall war, fuhren wir mit unserem Fahrzeug das angeschwemmte Holz heim. Aus dem Bach fischten wir große Torfstücke, die das Wasser aus dem Moosboden gespült hatte und die wie riesige Brotwecken aussahen. Daheim schnitten wir diese Wecken klein und legten die Stücke zum Trocknen auf das Schuppendach.

Der ehrenvollste Fahrdienst, den ich übernehmen durfte, erfolgte erst nach dem Krieg. Während des Krieges mussten mehrere Glocken unserer Kirche für die Rüstung abgeliefert werden. Während die größeren endgültig verschwunden und wohl eingeschmolzen worden waren, wurde auf einer Sammelstelle irgendwo in Norddeutschland unter einem Lager nicht mehr eingeschmolzener Glocken die kleinste Glocke unserer Kirche entdeckt und der Pfarrei zurückgegeben.

Sie landete schließlich auf dem Hof unseres Nachbarn, der Kirchenpfleger war. Und der beauftragte mich, auf meinem Wagerl die mit kleinen Girlanden geschmückte Glocke zur Kirche zu fahren, wo sie vom Pfarrer und den Gläubigen erwartet und nach der Segnung wieder auf den Kirchturm gezogen wurde. Seitdem wird sie wieder geläutet, wenn im Dorf jemand stirbt. Handelte es sich doch um die Zügglocke.

Lausbub Gottes

Genannt wurden wir Ministranten die Lausbuben des lieben Gottes. Obwohl wir eigentlich gerade keine Lausbuben, sondern fromme und brave Kinder sein sollten, sind wir dieser Bezeichnung durchaus gerecht geworden. Die Frömmigkeit kam oft zu kurz. Wir mussten vielmehr aufpassen, dass uns keine Patzer passierten und vor allem, dass wir keine unserer kleinen Verrichtungen übersahen.

Da war auf dem Weg zum Altar an der Sakristeitür die Glockenschnur zu ziehen, damit die Gottesdienstbesucher bei stillen Messen den Beginn nicht übersahen und bei Ämtern der Organist rechtzeitig mit dem Orgelspiel einsetzte. Am Altar angekommen, hatte der linke Ministrant das Birett des Zelebranten zum Kredenztisch zu bringen.

Sobald der Priester vor der Opferung den Kelch abdeckte, mussten die Altarglocken einmal kurz geläutet werden, beim Sanctus und dem „Domine, non sum dignus…" waren drei Glockenzeichen fällig und bei der Wandlung zweimal drei. Gab der Priester mit dem Allerheiligsten den Segen, durften wir das Läuten ebenfalls nicht vergessen.

Das schwere Messbuch auf seinem barocken Holzgestell war nach der Lesung von der Epistelseite auf die Evangelienseite, also von rechts nach links zu tragen. Später wurde es dann wieder auf die rechte Seite gebracht. Und bei diesen Transporten durfte man nicht den kürzesten Weg nehmen. Man musste mit dem Buch die beiden Altarstufen heruntersteigen und in der Mitte eine Kniebeuge machen, bevor man die Last links oben wieder hinstellte. Als dem lange Zeit kleinsten und vermutlich auch schwächsten Messdiener fiel mir die Kniebeuge mit dem Messbuch schwer. Allzu leicht zog mich der schwere Foliant nach vorne.

Dem Zelebranten im richtigen Moment die Kännchen mit Wasser und Wein für die Opferung zu reichen, ihm beim Lavabo ein wenig Wasser über die Hände zu gießen, die Wasserschale darunter zu halten und das nur schnupftuchgroße, aber schneeweiße Leinenhandtuch zu übergeben und dann wieder alles zum Kredenztisch zu bringen, verlangte Konzentration.

Am Ende jeden Gottesdienstes war dem Pfarrer der in den „Weichbrunnkessel" eingetauchte „Bemsel" zu reichen und dann neben ihm das Gefäß durch das Kirchenschiff zu tragen. Vor der Rückkehr in die Sakristei musste der linke Ministrant natürlich das Birett wieder holen.

Die heilige Kommunion wurde meistens nur an Sonn- und Feiertagen ausgeteilt. Gingen doch die meisten Gläubigen lediglich nach Ablegung der Beichte zum Tisch des Herrn. Gereicht wurde der Leib des Herrn nicht, wie es heute selbstverständlich ist, bei der Kommunion, sondern vor Beginn der Messe. Ministrantenaufgabe war es dabei, den kommunizierenden Gläubigen die Patene unter das Kinn zu halten, damit auch nicht das kleinste Partikel zu Boden fiel, wenn der Priester den Gläubigen die konsekrierte Hostie auf die Zunge legte. Handkommunion gab es damals noch nicht.

Bei festlichen Ämtern war schon vor Beginn des eigentlichen Messopfers der Einsatz des Weihwassers gefragt. Da ging der Pfarrer, während der Chor das „Asperges me …" („Besprenge mich …") sang, den Weihwasserwedel schwingend nicht nur durch das Kirchenschiff, sondern auch außen um die Kirche herum, um die

Gräber zu segnen. Für den gestrengen geistlichen Herrn war das eine Gelegenheit, Männern, die noch vor der Kirchentür standen und sich mit dem Hineingehen Zeit ließen, einen mahnenden Blick oder auch einen besonders kräftigen Weihwasserguss zukommen zu lassen.

Unser Herr Pfarrer war von kleiner Statur. Er brauchte einen Schemel, um in der Altarmitte den Tabernakel aufschließen zu können. Der Schemel war nicht nur vor und nach der Kommunionausteilung hinzustellen, wenn der Speisekelch herausgeholt bzw. wieder eingeschlossen wurde, sondern auch bei jeder Aussetzung des Allerheiligsten oder wenn am Schluss einer Andacht mit der Monstranz der Segen erteilt wurde.

Dass am Karfreitag jeder von uns Ministranten an der am Kircheneingang aufgestellten Karfreitagsratschn drehen wollte, versteht sich von selbst. Wir wetteiferten darin, wer durch möglichst schnelles Drehen den größten Lärm erzeugte. Noch wichtiger war aber, wer die zwei Glücklichen waren, denen am Gründonnerstag der Mesner eine der beiden Altarglocken in die Hand drückte, damit er zu Hause das Messing mit Sidol auf Hochglanz brachte. Da die Glocken vom Gründonnerstagabend, an dem mit einem Gottesdienst die Erinnerung an das Letzte Abendmahl Jesu mit seinen zwölf Jüngern gefeiert wurde, bis zur Auferstehungsfeier am frühen Abend des Karsamstag schweigen mussten, wurden die Tage zur Glockenreinigung genutzt. Wir läuteten auf dem Heimweg von der Kirche möglichst laut durch das Dorf und genossen die Aufmerksamkeit der Leute. Geputzt haben die Glocken wahrscheinlich dann unsere Mütter. Dass es im Volksmund hieß, die Glocken würden am Gründonnerstag nach Rom reisen und zur Auferstehungsfeier am Karsamstag wieder zurückkehren, habe ich erst viel später irgendwo gelesen.

Gerne läuteten wir auch die großen Glocken im Kirchturm. Während das „Erstläuten" eine Viertelstunde vor Gottesdienstbeginn in der Regel der Mesner selbst besorgte, war er beim „Zusammenläuten" zehn Minuten später mit dem Ankleiden des Priesters beschäftigt. Er schickte dann uns in die kleine Turmstube, wo durch die in die Holzdecke gebohrten Löcher die Glockenseile hingen. Wir mussten nicht nur durch richtiges Ziehen gleichmäßig läuten, sondern vor allem das Geläut der einen oder bei besonderen Anlässen von drei Glocken möglichst zügig beenden können. Dazu hängten wir uns an das Glockenseil und ließen uns fast bis zu Decke hinaufziehen. Dass in einer Ecke des kleinen Raums auch Schaufel, Spaten und Pickel zum Ausheben der Gräber lehnten, störte uns nicht. Bei uns war der Mesner auch der Totengräber.

Was mir das Ministrieren immer wieder verleidet hat, war unser „Ministrantengwand": Es bestand aus einem mit einer dicken Schnur um den Bauch zu bindenden Rock, einem weißen Chorhemd und einem mit Haken und Öse zu befestigenden breiten Kragen. Die Farben von Rock und Kragen waren je nach der Zeit des Kirchenjahres und der Art des Gottesdienstes rot, grün, violett oder schwarz. Mein Problem war, dass mir der Rock zu lang war und ich auf ihn trat, wenn er nicht weit genug oben gebunden war. Manchmal war die Schleife mit dem Strick nicht streng genug gelungen und der Rock rutschte, meistens gerade dann, wenn ich mit dem schweren Messbuch unterwegs war und keine Hand frei hatte. Mehr als einmal bin ich gestolpert.

Kein größeres Problem stellte es merkwürdigerweise für uns Buben dar, die lateinischen Responsorien auswendig zu lernen, auch nicht das lange Confiteor, obwohl wir keine Ahnung von dieser Sprache hatten und nicht verstanden, was wir da halblaut hersagten. Kein Wunder, dass manches lateinische Wort verhunzt wurde. So hörte sich „Laus tibi, Christe!" an wie „Laus diefe Christe!" Dass wir bei laus nicht an das Lob Gottes, sondern an eine Laus als Eselsbrücke dachten, versteht sich von selbst. Wenn wir auf das

„Dominus vobiscum" des Pfarrers mit „Et cum spiritu tuo" zu antworten hatten, sprudelten wir „Ekkum schpiritu tuo" heraus. Ich dachte dabei nicht an den Geist, sondern an den Spiritus, den wir im Laden flaschenweise verkauften. Aus dem griechischen „Kyrie eleison" wurde ein „Kyrelaison".

Unser Pfarrer führte genau Buch über unsere Dienste, die auch mit kleinen Geldbeträgen entlohnt wurden. Wie für den Geistlichen brachte auch für uns eine stille Messe oder eine Andacht weniger ein als ein Hochamt oder eine Beerdigung. Eingebracht hat mir freilich mein Ministrantenjob auch eine meiner wenigen Ohrfeigen. Eines Tages verabreichte mir mein Pfarrer unmittelbar nach der Messe hinter der Sakristeitüre „a gscheide Fotzn", wie bei uns eine saftige Watschn hieß. Offenbar waren mir einige Fehler passiert, die ihn geärgert hatten.

In einem anderen Fall dagegen bewies mein Pfarrherr wirklich Größe: Ich ministrierte mit meinem Freund eine Werktagsmesse. Der Geistliche stand mit Blick zum Altar vor uns und zwei Stufen über uns, als ihm plötzlich ein für uns unüberhörbarer und unmissverständlicher Laut passierte, den auch Albe und Messgewand nicht genügend dämpfen konnten. Wir mussten beide kichern und konnten nicht mehr damit aufhören. Schließlich wurde es dem in seinem Stuhl am Sakristeieingang knienden Mesner zu dumm und er zischte uns an: „Wenn's ös Krippen net glei staad hats, na gib e enk a soichane Fotz'n, dass' an Pfarra an Kelch einifliagts." (Hochdeutsch: „Wenn ihr Krüppel nicht sofort ruhig seid, dann gebe ich euch eine solche Ohrfeige, dass ihr dem Pfarrer in den Kelch fliegt") Das half. Der Herr Pfarrer verlor über den Vorfall nie ein Wort.

Zwistel und Schnacklmesser

Zu einer charakterlichen oder gar religiösen Vervollkommnung führte der Dienst am Altar nicht. Lausbuben waren wir alle, ob wir ministrierten oder nicht. Eher war es so, dass die Lausdirndl braver waren als wir Lausbuben. Jedenfalls wollten uns Buben das die Erwachsenen einreden.

Wenn es das Wetter erlaubte, hielten sich Buben wie Mädchen meistens im Freien auf. Da fast in jedem Haus drei bis sechs, in einem Fall acht Kinder lebten, reichte es bei uns im Oberdorf meistens leicht für Gruppenspiele. Buben und Mädchen spielten zusammen „Blinde Kuh", „Schneider leih mir dei Schar!" oder „Fürchtet ihr den Schwarzen Mann?" Am häufigsten spielten wir einfach Verstecken oder Fangermanndl. Die Mädchen liebten das Häuserhüpfen: Auf in den Boden markierten Feldern musste man auf einem Bein von Feld zu Feld hüpfen. Spielplatz war nicht nur die Straße, auf der kaum ein Auto vorbeikam. Wir versteckten uns auch in den umliegenden Höfen im Schuppen oder Stall, auf dem Heuboden oder im Stadel. Als besonders originelles Versteck galt es, wenn einer in ein im Schuppen abgestelltes Odelfass schlüpfte und auch noch den Deckel von innen zuzog. Im Heuboden, den man über eine in der Unterfahrt lehnende Leiter erreichte, war ein Loch, durch das man das Heu zum Füttern in den Kuhstall hinunterwarf. Wir Buben nutzten dieses Heuloch auch deswegen gern, weil sich die Mädchen meistens nicht trauten, bei der Verfolgung oder Suche sich ebenfalls in den Stall hinunterzulassen.

Solche Spiele in einer größeren Gruppe boten in der Zeit der sich anbahnenden Pubertät eine frühe und willkommene Gelegenheit, mit dem anderen Geschlecht in Berührung zu kommen. Die beliebteste Art der Berührung für uns Buben war es natürlich, wenn wir die Mädchen an den Zöpfen zogen.

125

Ein peinlicher Vorfall blieb mir in lebhafter Erinnerung. Wir spielten auf dem Hof des Nachbarn Verstecken. Ich hatte mich auf dem Heuboden versteckt und wartete auf meine Entdeckung. Da erhob plötzlich eine andere Nachbarin, die Mutter mehrerer Töchter, ein Mordsgeschrei. Ich lief zur Öffnung und schaute auf den Hof hinunter. Da stand die Frau unten und schrie Zeter und Mordio. Ein etwas frühreifer Großstadtjunge aus dem Ruhrgebiet, der im Rahmen der Kinderlandverschickung einige Zeit auf einem Bauernhof untergebracht war, hatte einem der Mädchen auf dem Heuboden den Schlüpfer herunterzuziehen versucht. Das Mädchen war heulend zu ihrer Mutter heimgelaufen. Deswegen der verständliche Krach durch die aufgebrachte Frau. Obwohl ich mich auf dem Heuboden versteckt hatte, hatte ich davon nichts mitbekommen.

Einen richtigen Fußball besaß keiner von uns. Hatte ein Kind wirklich einmal einen Gummiball geschenkt bekommen, was im Krieg ja kaum vorkam, so hielt der Ball der fleißigen Nutzung nicht lange stand.

Ein anderes Vergnügen, das aber im Krieg immer seltener wurde und schließlich ganz ausfiel, war das „Arwescheibn", also das Spielen mit Schussern. Vor Kriegsbeginn verkauften wir die kleinen aus Ton gebrannten und unterschiedlich gefärbten kleinen Kugeln im Laden. Die teureren und dementsprechend raren etwas größeren Glaskugeln konnte man nur in der Stadt bekommen. Im Krieg gab es dann weder die kleinen Schusser aus Ton noch die gefragteren aus Glas zu kaufen.

Im Winter wurde auf den nur wenige Meter hohen Hängen im Dorf Schlitten gefahren. Als einmal besonders viel Schnee gefallen war, reichte durch die Verwehungen an einem Anwesen der Schnee bis zur Dachrinne des verhältnismäßig niederen Hauses hinauf. Unter großem Hallo fuhren die größeren Buben damals mit ihren Schlitten vom Giebel dieses Hauses hinunter.

Ein besonderes Schlittenvergnügen war es, wenn der Gerbl Vatt die Pferde vor den großen hölzernen Schneepflug spannte und wir Kinder unsere Schlitten, einen hinter dem andern, an den Schneepflug hängen durften. In einer langen Kolonne fuhren wir dann durch das Dorf. So wurde die Straße geräumt, die Pferde hatten den dringend benötigten Auslauf und die Kinderschar eine Mordsgaudi.

Das häufigste Wintervergnügen war aber das „Schleifen". Wir nahmen einen Anlauf und rutschten dann auf den Schuhen oder Holzschuhen möglichst weit auf der eisglatten Straße, dem zugefrorenen Weiher bei der Mühle, manchmal auch auf einer ebenfalls zugefrorenen offenen Odelgrube um die Wette. Manche Kinder besaßen sogar Schlittschuhe. Sie wurden mit einem Schlüssel an die Schuhsohlen geschraubt. Das Ganze war eine wacklige Angelegenheit. Als ich von den inzwischen erwachsenen Söhnen des Nachbarn auch gebrauchte Schlittschuhe bekam, versuchte ich mein Glück mit wenig Geschick auf einer Odelgrube. Als dann auch noch die Mutter wenig begeistert war über mein anrüchiges Vergnügen, gab ich diesen Sport schnell wieder auf.

Manches Freizeitvergnügen interessierte nur die Buben. Wichtiger als ein Taschentuch, das „Schneiztiache", war natürlich in der Hosentasche eines Buben das „Schnacklmesser". Während man in Ermangelung eines Taschentuchs sich die Nase einfach am Pulloverärmel abputzen konnte, was zu den bekannten „Rotzspiegeln" führte, oder den Rotz einfach hängen ließ, bis er herabtropfte, und sich von den Kameraden dann als „Rotzglockenläuter" hänseln ließ, gab es für ein Messer keinen Ersatz. Wir schnitten mit ihm Stecken ab, schnitzten in die Rinde der Weidengerten Muster, machten eine Geißel oder versuchten uns – meist mit geringem akustischem Erfolg – an einem Pfeiferl.

Gelangten wir aber in den Besitz eines nicht mehr brauchbaren Einmachgummis, eines Stücks von einem ausgedienten Fahrradschlauch oder eines Hosengummis, so suchten wir einen Ast, der sich in zwei Arme gabelte und schnitten ihn mit dem Messer zu einer ypsilonförmigen Zwistelgabel. An den beiden Enden der Gabelung befestigten wir den Gummi. Dessen Mitte wurde mit einem kleinen Stück Leder oder Stoff umwickelt. So entstand eine Schleuder, mit der man Steine ziemlich weit schießen konnte.

Mit einer solchen Zwistel ließ sich allerlei Harmloses und weniger Harmloses anstellen. In der Schule wurde aus gutem Grund, aber ohne jeden Erfolg gegen das „Zwistelschießen" gepredigt. Hatte ein Bub seinen Zwistel trotz Verbots im Schulranzen, wurde diese Waffe natürlich abgenommen. Es war auch ratsam, den Eltern gegenüber den Besitz eines Zwistels geheimzuhalten.

Auch von einem anderen Unfug durften die Eltern nichts erfahren. Nahe dem Dorf verliefen den Isarkanal entlang die Gleise der Industriebahn. Mit meinem Freund ging ich einige Male aus dem Dorf hinaus und wir legten ein paar Münzen auf die Gleise, damit sie der Zug plattfuhr. Am nächsten Tag holten wir dann die dünngewalzten Pfennige, Zwoaring, Fünferl oder Zehnerl wieder ab.

Der Montag war Waschtag

Die Wäsche wurde in allen Familien grundsätzlich am Montag gewaschen. Und am Montagnachmittag hingen in den Gärten die frisch gewaschenen Hemden, Unterröcke, Unterhosen und Schlüpfer, Strümpfe und Handtücher für jedermann sichtbar an der Leine. Damit der Wind kein Stück wegwehte, war alles mit hölzernen Klammern, den „Waschglupperln", an der Leine befestigt. An den übrigen Wochentagen sah man höchstens Windeln hängen. War ein Baby im Haus, dann konnte man natürlich nicht bis zum folgenden Montag mit dem Waschen warten.

Bereits am Sonntagabend wurde die Wäsche in unserer Kinderbadewanne unter Zugabe des Einweichmittels Henko eingeweicht. Ausgekocht wurde sie bei uns im Waschkessel, in den etwas Persil gegeben wurde, auf dem Küchenherd. Mit einem großen Holzlöffel, in den das Wort „Persil" eingebrannt war und der natürlich ein Werbegeschenk der Firma Henkel war, holte die Mutter die kochende Wäsche nacheinander aus dem Kessel und legte sie auf den Küchentisch – erst später hatten wir einen eigenen Waschtisch im Waschhaus –, wo sie jedes Stück einseifte, besonders an den stark verschmutzten Stellen, und dann bürstete.

Der nächste Arbeitsschritt ging außer Haus vor sich: Im Wäschekorb wurde die Wäsche zum „Schwoabn", womit das Spülen gemeint war, an den Bach getragen, der durch mein Heimatdorf fließt. Jedes Anwesen, das am Bach lag, hatte ein „Wäschl", eine kleine Holzbühne. Auf ihr knieten die Frauen und schwenkten jedes Wäschestück im Wasser. Wir durften das Wäschl beim Gerbl benutzen, wo wir täglich die Milch holten, wo die Eltern gelegentlich bei Erntearbeiten mithalfen und wo ich mich fast wie zuhause fühlte.

Hing dann die Wäsche endlich hinter dem Haus zum Trocknen an der Leine, dann wurden wir Buben bei zweifelhaftem Wetter ermahnt aufzupassen, ob es zu regnen anfange, und gegebenenfalls gleich der Mutter Bescheid zu sagen, damit sie die Wäsche vorzeitig abnahm. Als ich so groß war, dass ich, wenn ich mich auf die Zehenspitzen stellte, die Wäscheklammern erreichen konnte, musste ich manchmal die Wäsche abnehmen und in den Korb legen. Auch sonst zog mich meine Mutter oft zu Frauenarbeiten heran wie Kuchenteig rühren, Weihnachtsplätzchen ausstechen, Unkraut jäten oder Milch holen. Sie war sich dessen bewusst und bemerkte einige Male trocken: „Ja mei, warst hoit a Diandl worn!"

Ich kann mich nicht erinnern, dass mein Vater auch nur einmal eine dieser Tätigkeiten übernommen hätte. Und das, obwohl er ja als Schneider in der Regel den ganzen Tag zuhause war.

Natürlich war auch das Bügeln der Wäsche eine Frauenarbeit, zu der ich nie herangezogen wurde.

Wenn ich mit heute vergleiche, dann ist es fast unglaublich, mit wie wenig Wäsche unsere fünfköpfige Familie auskam. Wir hatten keine Nachthemden, keine Schlafanzüge und benützten alle dasselbe Handtuch und denselben Waschlappen. Unterhosen trugen der Vater und wir Buben nur im Winter. Unsere Bubenunterhosen waren aus grauem Wollstoff. Sie reichten vom Hals bis zu den Knöcheln, hatten nicht nur vorne den üblichen Eingriff, sondern auch hinten einen Schlitz oder eine aufknöpfbare Klappe. So konnte man auch sein großes Geschäft verrichten, ohne sich auf dem kalten Abort ganz ausziehen zu müssen.

Und das wenige, was wir hatten, wurde natürlich nicht so oft gewechselt, wie wir das heute gewohnt sind. Ein frisches Hemd gab es am Samstag. Es reichte für die ganze Woche, obwohl wir es auch nachts anhatten. Pullover und Hosen wurden nur selten gewaschen.

Läuse, Blattern und Rufernschmarrn

Aus heutiger Sicht stand es um die Körperpflege in meiner Kindheit auf dem Dorf steinzeitlich. Wie in den meisten anderen Häusern gab es auch bei uns weder ein Badezimmer noch eine Badewanne für Erwachsene oder eine Duschmöglichkeit. Gewaschen hat man sich, indem man den Waschlappen in die Waschschüssel tauchte und dann mit Seife einrieb. Das kalte Wasser wurde während der Heizperiode mit einem Schöpfer heißen Wassers aus dem Grandl angewärmt.

Besessen haben wir aber eine Kinderbadewanne aus Zinkblech.

Sollten wir, was nur in größeren Zeitabständen der Fall war, gebadet werden, dann machte die Mutter das Badewasser mit dem Kessel, in dem sonst die Wäsche ausgekocht wurde, auf dem Küchenherd heiß. Die Badewanne stellte sie auf einen Stuhl, goss das heiße Wasser hinein und gab kaltes dazu, damit das Bad nicht zu heiß war und andererseits genug Wasser in der Wanne war. Sie hob mich dann auf und setzte mich hinein. Wäre ich selbst hineingestiegen, so wäre die Wanne mit mir umgekippt. Als wir zu zweit und schließlich zu dritt waren, wurden wir nacheinander in demselben Wasser gebadet. Als Ältester kam ich immer zuerst dran. Und einmal passierte es tatsächlich, dass ich in der Wanne sitzend, zu weit nach hinten gerutscht war und umkippte. Ich fiel mit dem Rücken auf den Boden und brachte einige Schrecksekunden lang keinen Laut heraus. Diesmal fiel das Baden aus. Die Mutter hatte genug damit zu tun, mit dem Putzlumpen das Wasser aufzuwischen.

Kopfläuse waren damals keine Seltenheit. In jeder Familie mit Kindern gab es neben dem normalen Kamm für die ganze Familie einen Staubkamm, der aus gutem Grund nur „Lauskampe" genannt wurde. Bei den Buben wurde meistens kurzer Prozess gemacht, indem man ihnen eine Glatze schor. Meine Mutter verschonte mich vor der gehassten Glatze, einer „Blattn". Nur einmal, als mein Vater auf Heimaturlaub kam, wurde auch ich kahl geschoren. Bei seinem nächsten Urlaub wurde ein Kompromiss gefunden: er ließ mir einen Stiftenkopf schneiden. Auch darüber war ich nicht glücklich.

Schwieriger war es natürlich bei den Mädchen mit ihren langen Zöpfen. Ich erinnere mich gut, wie ich in der Schule unaufmerksam war, weil ich immer zu einer schwarzhaarigen Mitschülerin hinüberschaute, von der mich nur ein schmaler Gang trennte. Aber nicht das Mädchen weckte mein Interesse, sondern die hellbraune Laus, die über ihre Haare krabbelte.

Wochen nach der Erst-kommunion bekam Vater Urlaub. Diesmal ließ er mir zu meinem Kummer einen Stiften-kopf schneiden.

Gleich hilflos waren Mädchen wie Buben gegen die Blattern, die vor allem Gesicht, Kopfhaut und Arme befielen. Ich weiß nicht, ob sie eine Folge einer einseitigen Ernährung oder mangelnder Hygiene waren. Vermutlich Letzteres. Wahrscheinlich haben wir uns auch gegenseitig angesteckt. Jedenfalls gab es Zeiten, in denen alle oder fast alle Kinder im Dorf von „Blodern" befallen waren. Die Blattern waren zuerst rote Flecke, wuchsen sich zu kleinen Beulen, „Binkel", aus und brachen nach einiger Zeit auf. Waren sie am Abheilen, dann juckten sie und wurden oft wieder aufgekratzt. Hatte einer besonders viele verkrustete Blodern im Gesicht, dann verspotteten wir ihn wegen seinem „Rufanschmarrn". Rufan oder Rufen sind verkrustete Narben.

Werktags- und Sonntagsgwand

Dass es nicht oft etwas Neues zum Anziehen gab, war selbstverständlich. Nicht nur Hosen und Pullover wurden geflickt, auch die Hemden und die Unterhosen. Unsere Strümpfe, die über die Knie heraufreichen mussten, weil wir ja nur kurze Hosen hatten, wurden von der Mutter nicht nur eigenhändig gestrickt, sondern auch immer wieder gestopft. Da meine Mutter Näherin war, nähte sie auch die Hemden lange Zeit selbst.

Irgendwann bekam ich eine gebrauchte und abgewetzte Lederhose. Wem sie vor mir gehört hatte, weiß ich nicht mehr. Sie war mir noch zu groß. Daher klappte ich das untere Stück beider Hosenbeine um. So wurde sie kürzer. Später kauften mir die Eltern eine neue, nachdem ihnen ein entsprechender Bezugsschein ausgestellt worden war. Die Neue war angeblich aus Kalbsleder, aber furchtbar steif. Ihre graublaue Farbe verblasste schnell. Auch sie war mir eher zu groß. Geärgert hat sie mich vor allem deswegen, weil man, wenn ich mich auf den Boden setzte, meine Genitalien sehen konnte und ich deswegen von den Spielkameraden gehänselt wurde. Gegenüber den Mädchen war mir das besonders peinlich. Bis heute blieb mir die Abneigung gegen eine lederne „Wix", wie wir sie nannten. Nur bei einem Kostümball habe ich später noch einmal eine angezogen, aber da eine Kniebundhose.

Kein Kind besaß einen Mantel. Ich war stolz auf meine vom Vater genähte Winterjoppe. Den ganzen Sommer liefen wir selbstverständlich barfuß herum. Im Herbst und Winter schlüpften wir in unsere Holzschuhe, die man immer beim Betreten des Hauses, auch des Schulhauses, am Eingang abstellte. Richtige Schuhe trug ich meistens nur beim Ministrieren und dem sonntäglichen Kirchgang.

Streng unterschieden wurde zwischen Werktags- und Sonntagsgwand. Letzteres – eine kurze Hose und eine Joppe – musste ich immer sofort auszuziehen, wenn ich von der Kirche heimkam. So ist es nicht weiter verwunderlich, dass der Sonntagsanzug einfach als „Kirchagwand" bezeichnet wurde. Auch für den Schulbesuch waren wir oft etwas besser angezogen als am Nachmittag und Abend. Dann musste die Mutter mehr als einmal dazu auffordern, bis ich mich endlich umzog. Die Mädchen trugen nicht nur daheim, sondern auch in der Schule eine Schürze, um ihr Kleid zu schonen.

Weinbeerl mit Haxen

Bescheiden war bei uns, und bestimmt nicht nur bei uns, was zum Essen und Trinken auf den Tisch kam. Das Frühstück war immer eine große Tasse Ersatzkaffee mit viel Milch. Weil es mich vor der Milchhaut im Kaffee ekelte, wurde die Milch immer durch ein kleines Sieb geschüttet. Auf dem Tisch stand eine blecherne Zuckerdose, aus der ich einen vollen Kaffeelöffel, aber nicht mehr, in die Tasse schütten durfte. Die Mutter schnitt jedem am Tisch ein Stück Brot vom Wecken herunter und jeder brockte das Brot ein, das dann mit dem Kaffee aus der Tasse gelöffelt wurde. Es war also nicht falsch, dass wir nicht vom Kaffeetrinken sprachen, sondern ihn „aßen". Auch am Abend gab es meistens eine Tasse Kaffee. Aber jetzt wurde nicht eingebrockt, sondern ein Marmeladebrot dazu gegessen. Dass man auf ein Brot vor der Marmelade auch Butter streichen konnte, kannte ich lange nicht. Es gab nur Marmelade oder Butter aufs Brot. In die Schule bekam ich meistens ein Butterbrot mit, außer ich durfte mir beim Bäcker eine Breze kaufen.

Gut erinnere ich mich daran, wie einmal gegen Kriegsende eine Flüchtlingsfrau, die mit ihren Kindern auf einem Bauernhof untergekommen war, der Mutter im Laden erzählte, wie primitiv hier die Bauern seien. Sie würden Brot in den Kaffee tunken und es dann so „heraussuppen". Ich stand dabei, die Mutter schaute mich an, unterließ es aber, der Frau zu erklären, dass das hierzulande so üblich sei und keineswegs als primitiv angesehen würde. Und dass wir es auch so hielten, ohne Bauern zu sein.

Als Mittagessen gab es an vier Werktagen der Woche ein Stück Rindfleisch oder Geselchtes vom Schwein mit Suppe und Knödeln. Der erste Knödel kam in die Suppe, der zweite und vielleicht auch noch ein dritter gehörte dann zum Fleisch mit Salat oder Gemüse. An zwei Tagen, dabei immer am Freitag, gab es eine Mehlspeise: Dampfnudeln, Apfelstrudel, Pfannkuchen, Semmelnudeln, Schmarrn oder einen Reisauflauf. Dazu gehörte immer ein „Tauch", wie wir das Kompott nannten, je nach Jahreszeit aus Johannisbeeren, Holler, Äpfeln, Birnen oder Zwetschgen. Gab es keine Beeren und kein frisches Obst, kam „Kletzentauch" auf den Tisch, also ein Kompott, das aus gedörrten Birnen gekocht wurde. Ein Tauch aus getrockneten Zwetschgen („dirrte Zwetschgen") war bei uns eine Seltenheit.

Am Sonntag kam fast immer ein Stück Schweinebraten mit Knödeln oder Makkaroni und Salat oder im Winter mit Sauerkraut auf den Tisch. Später gab es an Festtagen auch schon einmal Sauerbraten oder Schnitzel. Der höchste Genuss war ein gebratenes Hähnchen, ein „Gickerl". Wir warteten sehnsüchtig darauf, bis beim jährlichen Hühnernachwuchs künftige Hennen und die Gickerl leicht auseinanderzukennen und letztere auch groß genug waren. Während die weiblichen Tiere zum Eierlegen weiterleben durften, wurden die jungen Hähne geschlachtet. Zur Zeit der Getreideernte, also ab Mitte Juli, war es soweit. Wir bekamen jedes Jahr vom Bauern ein paarmal einen Gickerl. Natürlich wäre es undenkbar gewesen, dass für eine Mahlzeit zwei Tiere daran glauben mussten. Dementsprechend klein war die jedem zustehende Portion, vor allem wenn der Vater da war. Wichtig waren daher die Soße und vor allem die Fülle, d. h. die im Bauch des Vogels mitgebratene, gut gewürzte Mischung aus den gehackten Innereien und eingeweichten alten Semmeln. Am gefragtesten waren natürlich die beiden Schenkel, von denen einer dem Vater zustand. Die Mutter gab sich nicht selten mit dem Kragen und dem ebenfalls gebratenen Kopf zufrieden.

Es kam auch vor, dass Bauernburschen ein Paar junge Tauben brachten. Sie galten als besondere Delikatesse. Auch beim Taubenbraten war die „Fülle" unverzichtbar.

Selbst in den Kriegsjahren hatten wir regelmäßig, wenn auch noch so kleine Fleischportionen auf dem Tisch. Während man bei Salat, Gemüse und Knödeln zugreifen konnte, soviel man wollte oder solange etwas in der Schüssel war, wurde das Fleisch immer von der Mutter eingeteilt und jedem auf den Teller gelegt. Ein einziges Mal gab es nur Kartoffelknödel mit Blaukraut. Die Mutter erklärte uns, die Stadtleute hätten fast nur noch Kartoffeln und Kraut auf dem Tisch. Wir müssten uns in Zukunft wohl auch damit zufrieden geben. Es kam aber nicht so weit.

Salzkartoffeln als Beilage zu Fleischgerichten waren uns fremd. Dafür gab es umso häufiger Kartoffelsalat, etwa zum Schweinsbraten.

Etwas besonders Kostbares war und blieb für mich ein Stück Wurst. Im Krieg, in den ja der Großteil meiner bewusst erlebten Kindheit fiel, reichten die Fleischmarken kaum für das Fleisch zum Mittagessen. Der Kauf von einem Stück Streich- oder Hirnwurst blieb die große Ausnahme. Einmal wollte die Mutter dem Vater nach Russland ein Feldpostpäckchen mit Wurst schicken. Sie brachte vom Metzger eine kleine, aber ganze Kochsalami und eine dickere Bierwurst. Die Kochsalami passte in das vorgeschriebene Format der Feldpostschachtel, die Bierwurst nicht. So kamen wir in deren streng rationierten Genuss. Es gab immer nur eine dünne Scheibe für jeden zur Brotzeit. Die Wurst lag im Regal des Kellers.

Einen Kühlschrank gab es bei uns noch lange nicht. Sooft ich im Keller etwas holen musste, richteten sich meine begehrlichen Blicke auf die täglich etwas kürzer werdende Köstlichkeit. Die Versuchung war übermächtig. Aber hätte ich hineingebissen, so wäre der Mutter dieser Mundraub bald aufgefallen. Wäre ich mit einem Küchenmesser in den Keller gegangen, hätte sie mich gefragt, was ich mit dem Messer wolle, wenn ich beispielsweise nur ein Ei heraufholen sollte. Mit meinem kleinen Schnacklmesser jedoch konnte ich keine Scheibe so abschneiden, dass man nichts merkte.

Aber Not macht bekanntlich erfinderisch. Eines Tages musste die Mutter in die Stadt radeln und ich das Haus und die beiden Brüder hüten. Wir waren also ein paar Stunden allein. Nun konnte ich mit einem größeren Messer in den Keller gehen und ein Wurstradl abschneiden. Auch mein etwa fünfjähriger Bruder erhielt eine Scheibe, nachdem er mir versprochen hatte, der Mutter mit keinem Wort die Missetat zu verraten. Der jüngste Bruder war kaum zwei Jahre alt. Er bekam weder von der Wurst noch von der Tat etwas mit. Wir beiden Älteren aßen unsere kleine Beute. Ich putzte das Messer sauber ab und legte es in die Schublade zurück. Aber wo sollten wir die Wursthaut absolut sicher verschwinden lassen? Schließlich kam ich auf den abenteuerlichen Gedanken, über den Schuppen auf das Hausdach zu klettern und die beiden kleinen Zellophanstreifen von oben in den Kamin zu werfen. Eine Nachbarin beobachtete offenbar meine Kletterpartie und erzählte sie der Mutter. Die fragte mich, was ich denn auf dem Dach gesucht hätte. Ich hatte keine Zeit, mir eine Ausrede einfallen zu lassen, weil der Bruder gleich loslegte und sagte: „D' Wurschthaut hat a auffitragn!" Wochen später schrieb der Vater in einem Feldpostbrief, das Päckchen sei angekommen, aber die Wurst habe er nicht mehr essen können. Sie habe schon gestunken.

In schlimmer Erinnerung blieb mir, als es wieder einmal eine Kohlrabisuppe gab. Wegen der Mehlklümpchen, die als „Einbrenn" in der Suppe schwammen, und noch mehr, weil die Mutter gewohnt war, in die Suppe nicht nur Kohlrabi, sonder auch Kohlrabiblätter zu schneiden, mochte ich diese Suppe nicht. Ja, ich hatte einen richtigen Abscheu und weigerte mich, auch nur einen Löffel zu probieren. Es kam zu der vielleicht einzigen Kraftprobe zwischen Mutter und mir. Sie drohte mir mit dem Kochlöffel, wenn ich nicht esse. Ich sagte, sie solle mich dann eben lieber schlagen. Als sie weiter schimpfte und drohte, rutschte mir ein „Leck mi am Arsch!" heraus. Und schneller, als ich schauen konnte, hatte ich mir eine saftige Watschn eingefangen. Es war wahrscheinlich die einzige Ohrfeige, die mir die Mutter verabreichte. Ihr hat sie vermutlich weher getan als mir. Die Suppe musste ich dann nicht mehr essen.

Getrunken wurde zum Mittagessen nie etwas. Und eine nicht nur bei uns geltende Regel war: „Beim Essen redt ma net!" Aus heutiger Sicht ist sie unmöglich. Gilt doch die gemeinsame Mahlzeit als die vielleicht wichtigste Möglichkeit der Kommunikation. Damals dachte man wohl: Wenn die Kinder reden, dann vergessen sie das Essen und werden nicht rechtzeitig fertig. Es war nicht üblich, länger am Tisch sitzen zu bleiben und sich zu unterhalten. Sobald der letzte die Gabel oder den Löffel hinlegte, stand die Familie auf zum Tischgebet. Gebetet wurde bei uns vor und nach jeder Mahlzeit laut und stehend.

Nicht gebetet wurde nur bei der nachmittäglichen Brotzeit. Da gab es auch nichts Warmes, sondern ein Butterbrot mit Radi oder Radieschen, ein Käsebrot oder einen Happen Geräuchertes mit einer Scheibe Brot. Und zur Brotzeit gehörte auch etwas zum Trinken. Entweder musste ich beim Wirt eine Flasche Bier holen, von der auch wir Kinder einen Schluck bekamen, oder wir durften aus dem Keller eine Süßstofflimonade holen.

War ich nachmittags auf dem Bauernhof, so durfte ich bei der Brotzeit immer mitessen. Manchmal kam ich auch beim Mittagessen dazu, wenn ich daheim schon gegessen hatte, die Bauernfamilie etwas später dran war und ich aufs Feld mitfahren wollte. Dann saß ich auf dem hölzernen Kanapee und schaute den um den Tisch Sitzenden beim Essen zu. Der Speisezettel unterschied sich nur wenig von dem unseren. Lediglich gab es öfter geräuchertes Schweinefleisch als bei uns. Die Bauern durften ja auch während des Krieges in bestimmten Zeitabständen ein Schwein schlachten, waren Selbstversorger, wie man sagte, während wir unsere Fleischrationen auf Marken beim Metzger einlösten und öfter Rindfleisch holten. War doch eine Rindssuppe viel schmackhafter als eine „gselchte Suppn", also eine Brühe, in der Geräuchertes gekocht worden war.

Mit der Reinlichkeit war es in der Bauernküche nicht weit her. Nicht selten fand eine Henne den Weg in die Fletz oder die Kuche und hinterließ ein Häufchen Dreck. Frisch geschlüpftes Geflügel wurde die erste Zeit in der Küche gehalten. Katzen hielten zwar die Mäuse in Schach, hinterließen aber ihrerseits immer wieder ihre abscheulich stinkenden Exkremente in einer Ecke des Hauses oder oben im Getreidespeicher. Nicht nur einmal musste ich mit ansehen, wie eine Katze zur Abschreckung mit ihrem Gesicht in ihre Scheiße getaucht wurde. Vor allem die Tochter des Hauses, die für das Putzen zuständig war, griff in ihrer Wut gerne zu dieser Erziehungsmaßnahme.

Die Gerbl Muatt wischte sich nicht nur beim Kochen die Hände an ihrer Schürze ab, sondern auch das Besteck. Der Spüllumpen war ein Fetzen von einem zerrissenen Hemd, der nach längerem Gebrauch genau so grau geworden war wie das Wasser in der Spülschüssel.

Im Sommer waren die Fliegen eine richtige Plage. Sie kamen vor allem aus dem Stall in die Küche, setzten sich auf die Speisen und landeten nicht selten in der Suppe oder im Bierglas.

Auf dem Hof lebte während des Krieges einige Zeit im Rahmen der Kinderlandverschickung ein für uns Dorfbuben ziemlich forscher Junge aus dem Ruhrgebiet. Als einmal auf dem Mittagstisch Dampfnudeln standen, fand er in einer Nudel eine mitgebackene Fliege, die offenbar in den Teig geraten war. Entrüstet rief der junge Preuße: „Mutt, da ist ja eine Fliege drin!" Die Bäuerin versuchte ihn abzuwimmeln mit der Bemerkung: „Des is koa Fliagn, des is doch a Weinbeerl!" Da konterte der Angeredete mit der Frage: „Haben jetzt die Sultaninen auch Beine?"

Der späte Samstagnachmittag war nicht nur die Zeit, in der die Mannerleut den Hof kehrten. Die Bäuerinnen backten dann auch für eine Woche das Schmalzgebäck, die Kiachen. Der Geruch des heißen Fetts drang bis auf die Straße. Es gab Schuxen, Fensterkiache (Ausgezogene) oder Schmalznudeln. Weil meine Mutter das Küchelbacken nie gelernt hatte und es auch gar nicht versuchte, waren sie bei uns besonders begehrt. Manchmal brachte eine Bauersfrau eine Kostprobe in den Laden mit, öfter bekam der Vater bei seinen Kundenbesuchen welche geschenkt.

War die Gerbl Muatt am Backen, dann saß ich oft bei ihr in der Küche, schaute ihr zu und bekam das erste Exemplar, noch so heiß, dass ich es kaum anfassen konnte. Damit das Gebackene für mehrere Tage reichte, sparte die Muatt in dem hölzernen Trog, in welchem sie den Teig angerührt hatte, die Kücheln im Elternschlafzimmer, der Kammer, unter ihrem Bett auf. Die Kammer war der einzige Raum im Haus, der regelmäßig versperrt war und die Bäuerin trug den Schlüssel immer in der Schürze bei sich.

Eines Nachmittags arbeitete die ganze Bauersfamilie auf einem ihrer Felder. Mein Freund Richard und ich lungerten auf dem Hof herum und wussten nicht so recht, was wir treiben sollten, zumal ich meinen Bruder bei mir hatte und auf ihn aufpassen musste. Als wir merkten, dass ein Schlafzimmerfenster geöffnet war, fielen uns die unter dem Bett liegenden Schuxen ein. Nun hatten damals an allen Bauernhäusern mindestens die Fensterstöcke im Parterre, oft aber auch die des Obergeschosses, zwei senkrechte Eisenstangen, die das Einsteigen von Spitzbuben oder liebeshungrigen Burschen verhinderten. Auch uns verwehrten die Stangen das Eindringen in das Schlafzimmer. Da kam einem von uns beiden der Gedanke, wir könnten den Bruder auf das Fenstersims heben und er könnte, weil er noch kleiner war, zwischen den Stangen hindurchkriechen und einige Kiachen holen. Der Versuch ging gründlich daneben. Mein Bruder Friede brachte zwar seinen Kopf durch die Stangen hinein, den Körper aber nicht. Als wir unser aussichtsloses Unternehmen aufgeben wollten, brachte Friede aber den Kopf nicht gleich heraus und fing an zu schreien. Es gelang uns schließlich doch, ihn wieder herauszuziehen. Es blieb bei diesem einzigen Versuch eines Kücheldiebstahls.

Jahre später passierte es übrigens, dass direkt gegenüber unserem Haus ein Bursche im ersten Stock bei einer Magd kammerfensterln wollte. Auch ihm wurden die Eisenstangen zum Verhängnis. Es dauerte, bis er seinen Kopf wieder herausziehen konnte. Jemand bemerkte das Missgeschick des Burschen und erzählte es am nächsten Morgen. Die Neuigkeit machte im Dorf schnell die Runde. Mehr als eine Kundschaft informierte bei uns im Laden ausführlich über den Vorfall. Der erfolglose Dorfcasanova hatte nicht wenig Spott auszuhalten.

Kindheit unterm Hakenkreuz

Meine erste Bekanntschaft mit dem Nationalsozialismus machte ich 1938 oder 1939. Es war der 1. Mai. Laute Musik lockte Kinder und Erwachsene aus den Häusern. Von Musikanten angeführt, marschierte eine Gruppe von Männern durch das Dorf. Einer schwenkte eine große rote Fahne. Mit meinem Freund lief

Hakenkreuzfahnen bei einem Umzug im Dorf.

ich neben der Marschkolonne her und als wir den Großvater des Freundes im Zug sahen, gingen wir mit ihm mit. Offenbar war der Zweck des Umzugs, möglichst viele Leute in den größten Wirtssaal des Dorfes zu einer Parteikundgebung anlässlich des „Tages der Arbeit" zu locken. Wir durften mit dem Opa in den Saal hinauf. Hier spielte die Kapelle weiter. Die Stirnseite des Saales war mit einer großen Hakenkreuzfahne geschmückt. In der Mitte des aufgespannten roten Fahnentuchs war eine weiße Scheibe, auf die ein schwarzes Hakenkreuz aufgenäht war. Mehrere Männer in braunen Uniformen liefen geschäftig hin und her. Als alle einen Sitzplatz eingenommen hatten, schmetterte einer der Uniformierten lebhaft gestikulierend eine Rede, viel lauter, als ich es von unserem Pfarrer gewohnt war.

Zuhause erzählte ich von meinem Erlebnis. Nicht vergessen habe ich eine abfällige Bemerkung meines Vaters über einen Teilnehmer der Veranstaltung. Er, der Stampfl Jak, der zu den Habenichtsen im Dorf gehörte, nicht im Ruf stand, besonders fleißig oder sparsam zu sein, vielmehr die paar Mark, die er sich gelegentlich durch einfache Arbeiten verdiente, schnell in der nur wenige Meter von seiner Wohnung entfernten Wirtschaft in Bier umsetzte, war mit einer riesigen Trommel dem Zug vorangeschritten, hatte sozusagen den Ton angegeben, und das ausgerechnet am Tag der Arbeit.

Seit Ostern 1940 besuchte ich unsere Dorfschule. Gegenüber dem Schulhaus stand auf der anderen Straßenseite ein Fahnenmast. Vor ihm musste die ganze Schule manchmal zur Flaggenhissung antreten. Arrangiert wurden diese „Appelle" von unserem Herrn Hauptlehrer, der die älteren Schüler unterrichtete und diese auch zum Vortragen von kurzen Texten heranzog.

Uns unterrichtete die ersten vier Schuljahre „das Fräulein". Sie stammte aus Altötting, war unverheiratet und ziemlich stattlich gebaut. Ihre volle Bluse hat auf uns Buben früh Eindruck gemacht. Obwohl ich eigentlich zu ihren besseren Schülern gehörte, blieb dieses Lehrer-Schüler-Verhältnis nicht immer ungetrübt. Als wir einmal die Ausrüstung eines Wehrmachtssoldaten der Infanterie durchnahmen, zeichnete das Fräulein einen Uniformierten an die Tafel. Wir Kinder sollten nun sagen, was alles zur Ausrüstung gehörte. Und das Fräulein malte dem Soldaten an die Uniform, was von uns genannt wurde. Ich hob wie mehrere andere auch den Finger und wollte, sobald ich aufgerufen würde, rufen „Feldflasche!" Aber das Fräulein nahm mich nicht dran. Sie ahnte wohl, was ich sagen wollte. Vielleicht hatte ich auch dem Nachbarn meinen Vorschlag zugeflüstert und die Lehrerin hatte es gehört. Jedenfalls nahm sie alle anderen Meldungen vor der meinen an. Der Infanterist bekam seinen Stahlhelm, das Gewehr, die Gasmaske, die Koppel, das Seitengewehr und auch noch den Brotbeutel. Erst ganz am Schluss kam ich zu Wort. Und ärgerlich malte die Lehrkraft mit der an mich gerichteten Bemerkung „Daß'd a Ruah gibst" die

Feldflasche an die Koppel neben den Brotbeutel. Ich fühlte meinen wertvollen Unterrichtsbeitrag und mich selbst abgewertet.

Ein anderes Mal, inzwischen besuchte ich den dritten Jahrgang, musste meine Klasse, während sich das Fräulein mit einer anderen Gruppe beschäftigte, einen Aufsatz zum Thema „Heldengedenktag" schreiben. Einige Tage zuvor war dieser obligatorische Gedenktag gefeiert worden. Ich saß hilflos vor meiner Schiefertafel, malte zunächst die Überschrift in die erste Zeile. Nach weiterem Überlegen beschloss ich, auch den Aufsatztext mit dem Wort Heldengedenktag anzufangen. Als mir immer noch nichts Schreibenswertes in den Sinn kam, machte ich nach dem ersten und bis jetzt einzigen Wort des künftigen Textes einen Punkt. Dann erst wollte ich den Satz anfangen, und zwar wieder mit dem Wort Heldengedenktag. Es war wohl ein früher Versuch, einen Text literarisch zu gestalten und das Thema besonders herauszustellen.

Das Eittinger Schulhaus. Die beiden Unterrichtsräume machten den ersten Stock aus. Im Parterre lagen die Lehrerwohnung und ein Raum für die Gemeindekanzlei.

144

Die Arbeitszeit war vorbei. Das Fräulein warf auf jede Tafel einen Blick und sah bei mir, dass auf ihr nur das Wort Heldengedenktag stand, dieses aber dreimal. Ich musste nach Schulschluss nachsitzen, bis ich etwas mehr auf der Tafel stehen hatte. Was ich dann niedergeschrieben habe, um heimgehen zu dürfen, weiß ich nicht mehr. Es war das einzige Mal in meiner Volksschulzeit, dass ich „oben bleiben" musste, wie wir sagten, wenn einer im Unterrichtsraum, der im ersten Stock lag, über das Unterrichtende hinaus bleiben musste.

Eine besondere Erinnerung an den Alltag im Dritten Reich sind für mich die Sammlungen für das Winterhilfswerk. Hitlerjungen gingen in ihrer Kluft und mit Sammelbüchsen von Haus zu Haus. Wer mindestens zwei Zehnerl in die Büchse warf, erhielt als Dank ein Zeichen zum Anstecken. Diese Zeichen sammelten wir natürlich. Und wir warteten gespannt darauf, was es bei der nächsten Sammlung für neue Zeichen geben würde. Einmal waren es kleine Märchenfiguren aus Holz, ein anderes Mal Blumen und Vögel aus Kunststoff, dann auch Flugzeuge, Schiffe und Panzer. Ein anderes beliebtes Sammelobjekt waren kleine Bildchen, die den Zigarettenschachteln beigelegt waren und in dafür vorgesehene Alben eingeklebt wurden. Inhaltlich ging es bei diesen Bildern um die geschickt kaschierte Verbreitung nationalsozialistischer Politik und das kriegstechnische Wissen.

Jungvolk und Hitlerjugend imponierten uns stark. Wir freuten uns darauf, in der „Kluft" zum Appell antreten zu dürfen. Zu dieser Uniform gehörten das Braunhemd mit dem Schulterriemen, das Halstuch mit dem braunen Lederknoten, die kurze Hose, die nicht wie üblich durch Hosenträger, sondern durch einen Ledergürtel mit der eisernen Schließe daran, also der Koppel, festgehalten wurde. Eine schmucke Schifferlmütze war besonders wichtig. Und einmal als Anführer einen kleinen Dolch am Gurt baumeln zu haben, war eine Wunschvorstellung.

Die Älteren hörten wir begeistert von kämpferischen Geländespielen, Schießübungen und romantischen Zeltlagern erzählen. Wir konnten es auch kaum erwarten, bis wir zu Heimabenden und zum Basteln in das HJ-Heim gehen durften. Dieses HJ-Heim war ein altes leerstehendes Gasthaus, das die Partei für die Jugendarbeit nutzte. Eine andere Möglichkeit für Jugendliche, sich zu treffen und die wenige Freizeit gemeinsam zu gestalten, gab es im Dorf nicht.

Ein merkwürdiger Zufall, aus damaliger Sicht eher eine Dummheit, war es, dass ich es nicht einmal zum Pimpfen brachte. Als ich die vierte Klasse besuchte, kam einmal der für die Jugend zuständige Funktionär der Ortsgruppe mit einer Handvoll Ausweisen in den Unterricht. Er erklärte uns, da wir nun zehn Jahre alt seien, würden wir als Pimpfe in das Jungvolk aufgenommen. Er habe deswegen für jeden von uns einen Mitgliedsausweis vorbereitet. Er las die Namen vor und übergab jedem seine Mitgliedskarte. Als ich dran war, machte ich mich wichtig und sagte, ich sei noch gar keine zehn Jahre alt. Ich war offenbar der Jüngste. Der Mann sagte, dann nehme er den Ausweis wieder mit und ich würde erst im folgenden Jahr aufgenommen. Im Jahr darauf wurde ich dann vergessen. Und außerdem ging der Krieg und mit ihm das Dritte Reich zu Ende.

Natürlich hatte unser Lesebuch der dritten und vierten Klasse nicht nur einen braunen Einband. Auch der Inhalt war, teils eher verdeckt, teils aber auch sehr unübersehbar, braun eingefärbt. Bereits auf der ersten Seite war ein kurzes Gebet in Versform platziert, dessen erste Strophe lautete:

Schütze, Herr, mit starker Hand
Unser Volk und Vaterland!
Lass auf unsers Führers Pfade
Leuchten deine Huld und Gnade!

In einem Prosatext ging es um Leo Schlageter, der von den Nazis zu einem frühen Helden der Bewegung hochstilisiert wurde. In Erinnerung blieben mir auch ein Bild mit einem feuerspeienden Tank in unwegsamem Gelände und ein anderes, ganzseitiges mit einem die Trommel schlagenden Hitlerjungen. Auf der gegenüberliegenden Seite stand ein Text Hitlers mit der Überschrift „Der Führer an seine Jugend". In ihm hieß es, der deutsche Junge der Zukunft müsse

> *schlank und rank sein,*
> *flink wie`n Windhund,*
> *zäh wie Leder*
> *und hart wie Kruppstahl.*

Dieses seltsame Ideal eines deutschen Burschen hat mich damals mächtig beeindruckt. Zu der Erkenntnis, dass ich bestenfalls mit etwas Zähigkeit aufwarten konnte, aber keineswegs mit Flinkheit oder gar Härte, kam ich erst viel später. Und noch länger dauerte es, bis es mir dämmerte, dass uns der Führer falsche Ideale vorgab. Besonders begeisterte uns Hans Baumanns Lied „Es zittern die morschen Knochen", aus dem wir die kraftmeierische Stelle lauthals rezitierten:

> *Wir werden weitermarschieren,*
> *bis alles in Scherben fällt;*
> *denn heute gehört uns Deutschland*
> *und morgen die ganze Welt.*

Nur ein einziges Mal bekam ich es gegenüber den Nazis wirklich mit der Angst zu tun. Anton, der älteste, noch unverheiratete Gerblsohn, war auf Heimaturlaub und kam zur Mutter in den Laden, um sich einen Stumpen zum Rauchen zu kaufen und zu ratschen. Er erzählte nicht ohne Stolz von seinen Erlebnissen als Soldat. Als die Mutter ihm gegenüber bemerkte, er glaube doch wohl selber nicht mehr daran, dass wir diesen Krieg noch gewinnen könnten, gab er sich enttäuscht. Mit der Bemerkung, wer so etwas sage, komme nach Dachau, verließ er den Laden.

Die Mutter erzählte mir in der Küche aufgeregt von dem Vorfall. Sie rechnete damit, denunziert zu werden, sorgte sich darum, was aus uns drei Kindern werde, wenn sie in Dachau eingesperrt werde, wo doch der Vater in Russland Soldat war. Mich packte lähmende Angst. Der Gedanke war schrecklich, ich könnte mit meinen beiden kleinen Brüdern plötzlich allein sein. In ihrer Not ging die Mutter zum Vater des Urlaubers und bat ihn, er möge doch auf seinen Sohn einwirken zu ihren Gunsten, damit dieser ihre Äußerung nicht an die Partei melde. Obwohl ihr gegenüber der Bauer keine Hilfe versprach und die Mutter damit abspeiste, da könne er auch nichts machen, hatte der Vorfall kein Nachspiel. Dass Dachau etwas Schlimmes bedeutete, war damals allgemein bekannt, auch wenn der Großteil der Bevölkerung nicht wusste, was in einem Konzentrationslager wirklich geschah.

Es war wohl im Spätherbst 1944. Der Herr Hauptlehrer kam zum Fräulein in den Unterricht und sagte uns, wir müssten am Nachmittag alle auf dem Fußballplatz antreten. Es komme hoher Besuch aus der Stadt zu einem Appell. Er übte mit uns, wie wir auf sein Kommando hin den Arm augenblicklich zum deutschen Gruß emporreißen und laut „Heil Hitler" brüllen sollten. Und er gab uns Tipps, was wir auf eventuelle Fragen antworten müssten. Besonders schärfte er uns ein, auf die Frage, ob wir den Krieg gewinnen werden, schnell und bestimmt mit „Ja" zu antworten. Auch sollten wir sehr pünktlich, sauber gewaschen und gut angezogen erscheinen. Wir Kinder merkten, wie wichtig es ihm war, dass wir eine gute Figur machten und ihn und seine Schule nicht blamierten.

Lange standen wir Schüler und Schülerinnen der acht Jahrgänge in Reih und Glied auf dem Platz. Der Lehrer wiederholte seine Hinweise und übte noch einmal mit uns das Horst-Wessel-Lied „Die Fahne hoch, die Reihen dicht geschlossen …" Der Besuch ließ auf sich warten. Als es schon dämmerte, hielt endlich ein Auto neben dem Platz. Ein wohlbeleibter Mann in brauner SA-Uniform, vermutlich war es der Kreisleiter, ein SS-Offizier und eine Frau in einer uns nicht bekannten Uniform kamen über den Platz auf uns zu. Wir hoben auf das Kommando des Lehrers hin die Arme, schrien schneidig „Heil Hitler!" und sangen dann unser Lied. Der Offizier hielt eine kurze Ansprache über Tapferkeit, Krieg und den Endsieg. Anschließend gab sich der SA-Mann eher jovial und versuchte ein Gespräch. Er fragte einen unserer schwächsten Schüler, aus einer Klasse unter mir, wie er heiße. Der antwortete: „Seppe". Darauf der Funktionär: „Na, Seppe, wos moanst denn, wann ma den Kriag valiern?" Der Seppi antwortete für seine Verhältnisse sehr prompt und bestimmt: „In zwei Jahren".

Der Herr Hauptlehrer wäre am liebsten im Boden versunken, wir brachen wegen der Dummheit unseres Mitschülers in schallendes Gelächter aus und der Fragesteller setzte zu einer längeren Erklärung über den sicheren Endsieg an.

Er kam dann auch auf seine zurückliegenden Heldentaten als junger SA-Mann in der sogenannten Kampfzeit zu sprechen. Dabei erzählte er, wie sie auf dem Weg zu ihren Einsätzen gerne gesungen hätten, vor allem ein Lied, dessen Text er uns vortrug und bei dem es um die Judenverfolgung ging. Gemerkt habe ich mir nur die Stelle „Wenn das Judenblut vom Messer spritzt". Der Besuch dauerte nicht lange. Offenbar besuchte die Propagandagruppe an diesem Nachmittag mehrere Schulen nacheinander.

Auf dem Heimweg in der Dämmerung haben wir Buben laut den Text des Hetzliedes gegen die Juden zitiert. Wir waren offenbar beeindruckt. Wenn ich darüber nachdenke, wie eine verbrecherische NS-Propaganda die Kinder und Jugendlichen zu manipulieren versuchte, dann bekomme ich heute noch eine Gänsehaut. Zuhause erzählte ich meiner Mutter von unserem Appell und trug dabei auch das Lied über die Judenverfolgung vor, soweit ich mir den Text gemerkt hatte. Sie war erschüttert und versuchte mir klarzumachen, dass man als Christenmensch nicht töten darf. Vermutlich machte sie mich nachdenklich. Ich unterließ es jedenfalls, den abscheulichen Text noch einmal hinauszuposaunen.

Birkenkreuze und Ehrensalven

Intensiver und schlimmer als das NS-Regime berührte mich der Krieg. Die erste und harmlose Bekanntschaft mit der Wehrmacht machte ich in der frühen Kindheit, noch vor Kriegsbeginn. Im Dorf wurden bei den Bauern Soldaten mit Pferden einquartiert, die im Erdinger Moos ein Manöver durchführten. Einige Soldaten kamen zu uns in den Laden um Zigaretten und standen dann in der Stube beim Vater, der auf seinem Schneidertisch saß und nähte. Sie erzählten, wo sie daheim waren, aus welcher Kaserne sie kamen und machten Andeutungen über das Manöver. Auch beim Gerbl waren einige Soldaten mit ihren Pferden einquartiert. Weil für die Pferde im Stall kein Platz war, standen sie im Holzschuppen. Ich schaute beim Füttern zu und hörte mit, wie der Bauer den Soldaten begeistert vom Ersten Weltkrieg erzählte, in dem er ebenfalls bei der Kavallerie gedient hatte und „gegen den Franzos" eingesetzt war.

Als im Zusammenhang mit einem anderen Manöver mehrere Lastautos, auf deren offener Ladefläche Sitzbänke für die Soldaten montiert waren, von unserem Dorf auf einer schmalen Gemeindeverbindungsstraße ins Nachbardorf unterwegs waren, geriet ein vollbesetztes Fahrzeug in den Straßengraben. Die Soldaten rutschten zum Teil herunter und fielen in den Kiesweiher neben der Straße. Im Dorf sprach sich der glimpflich abgegangene Unfall schnell herum. Mein Vater setzte mich in den Kindersitz des Fahrrads und fuhr mit mir an die Unglücksstelle. Wir sahen, wie das Militärfahrzeug im Graben festsaß und die Soldaten herumstanden. Ein Soldat hatte Stiefel und Hose ausgezogen und watete im Hemd im Kiesweiher herum. Er suchte seinen Helm, der ihm ins Wasser gefallen war. Ob er ihn wieder gefunden hat, weiß ich nicht. Als sich die Suche hinzog und auch das Fahrzeug immer noch nicht flott gemacht war, fuhren wir wieder heim.

Als Hitler am 1. September 1939 Polen überfiel, also der Krieg ausbrach, wie man beschönigend sagte, war das natürlich ein beunruhigender Gesprächsstoff in der Schneiderstube des Vaters ebenso wie im Kramerladen der Mutter. Die Gespräche der Erwachsenen, die ich mit anhörte, drehten sich nicht um Recht oder Unrecht des Krieges, sondern darum, wer aus dem Dorf einrücken musste, wie es mehr schlecht als recht mit der Bauernarbeit ohne die Väter, Söhne und Knechte weiterging, in welcher Kaserne die Männer stationiert waren oder wohin ihre Einheit verlegt wurde. Und immer stand die Sorge im Vordergrund, ob die Eingezogenen lebend und mit heilen Knochen in die Heimat zurückkehrten. Als in den ersten Kriegstagen zwei Panzer bei einem Stadel nahe dem Dorf Station machten, wo die Soldaten im Stroh übernachteten, gingen wir Buben natürlich neugierig hinaus und betrachteten die Tanks, wie wir damals noch sagten, aufmerksam und respektvoll.

Seit Kriegsbeginn waren das nahe dem Dorf gelegene Wasserkraftwerk und die drei zu ihm gehörenden Häuser mit den Werkswohnungen, die „Kolonie" hießen, mit einer olivgrünen Farbe zum Schutz vor feindlichen Flugzeugen getarnt. Die auffälligste Veränderung im Dorf war die strenge Verdunklungspflicht. Eine Straßenbeleuchtung gab es nicht. Eine eigene Lichtquelle am

Hauseingang, wie sie heute selbstverständlich ist, war nicht üblich. Nach Einbruch der Dunkelheit kam das nötige Licht aus den Fenstern der Häuser, jedenfalls soweit die Fensterläden nicht schon geschlossen waren. Mit Kriegsbeginn durfte kein Licht nach außen dringen. Das Dorf war, wenn es nicht vom Mondschein erhellt wurde, stockfinster.

Wurde ich vor Unterrichtsbeginn in die Messe geschickt, so ging ich durch die Finsternis, die erste Zeit sicher voller Angst. Als ich schon Ministrant war und deswegen zum Ministrieren in die Frühmesse unterwegs war, hörte ich plötzlich Schritte, sah aber nicht, wer auf mich zukam. Ich bekam es mit der Angst zu tun, bis ich an der Stimme unseren Pfarrer erkannte. Er fragte mich, wer ich sei und wo ich hinwollte. Ich antwortete, ich müsse zum Ministrieren gehen. Da schickte er mich wieder heim mit der Bemerkung, heute sei in unserer Kirche keine Messe, sondern in der Filialkirche des Nachbardorfes, wohin er gerade gehe. Offenbar hatte sich die Mutter oder ich mich im Termin getäuscht.

Als ich daheim von meiner Begegnung im Finstern erzählte, wusste die Mutter eine andere, noch gruseligere Begegnung zu berichten: Sie war als junge Störnäherin abends auf dem Heimweg von einem Nachbardorf und benutzte als Abkürzung einen Trampelpfad durch den Wald. Plötzlich stieß sie mit jemand zusammen und es klapperte laut, als sie und ihr Gegenüber auf den Waldboden fielen. Sie war aber nicht dem leibhaftigen Gottseibeiuns und auch nicht dem Boandlkramer begegnet, sondern einem Schuster, der ebenfalls auf dem Heimweg von der Stör war, dessen Weg aber in die entgegengesetzte Richtung führte. Der Schuster hatte eine Menge hölzerne Leisten über die Schulter gehängt, die bei der unfreiwilligen Begegnung klapperten.

Wenige Wochen nach Kriegsbeginn kamen die ersten polnischen Kriegsgefangenen ins Dorf. Sie gehörten zum Stammlager Moosburg. Im noch stehenden Stadel der ehemaligen Pfarrökonomie wurde ein kleines Lager eingerichtet. Die Gefangenen waren tagsüber einzelnen Bauern oder auch dem Kraftwerk zugewiesen. Über Nacht wurden sie in ihrem kleinen Lager eingesperrt und von deutschen Posten, die ebenfalls aus Moosburg kamen, bewacht. Die Gefangenen wurden von ihren Arbeitgebern verpflegt. Wenn einer krank war und nicht zur Arbeit kommen konnte, so musste ihm von Bauernhof das Essen gebracht werden. Mit dem jüngsten Sohn meines Bauern und später auch allein kam ich einige Male zum Lager, um unserem Gefangenen das Essen zu bringen. So sah ich die zweistöckigen hölzernen Pritschen, in denen die Polen und später die Franzosen auf engstem Raum die Nacht verbrachten.

Weil die deutschen Wachsoldaten öfter zu uns in den Laden kamen und sich auch beim Vater tagsüber ratschend ihre Zeit vertrieben, geschah es einmal, dass drei Polen unter Aufsicht eines Postens hinter dem Haus für uns Holz hackten und aufschlichteten. „Bezahlt" wurden die Gefangenen mit einigen Wecken Brot. Angeblich hatten sich die drei freiwillig zu dieser Arbeit bereiterklärt. Ich stand natürlich dabei, bewunderte, wie flink und geschickt die Polen arbeiteten. Genau betrachtete ich ihre braunen Uniformen, die nicht nur farblich ganz anders aussahen als die unserer Soldaten. Am meisten war ich überrascht, als ich feststellte, dass die Polen keine Strümpfe oder Socken trugen, sondern ihre Beine mit langen, ebenfalls braunen Fußlappen umwickelt hatten.

Als im Dorf nur noch französische Gefangene arbeiteten, durften diese nach einiger Zeit auch in den Bauernhäusern übernachten. Ein Gefangener, der lange Zeit beim Gerbl arbeitete, hatte schließlich sein Zimmer auf dem Anwesen und gehörte mehr oder weniger zur Familie. Obwohl er von Beruf Maurer war, kam er mit der Bauernarbeit gut zurecht. Er schenkte uns Kindern Kekse, wenn er aus seiner Heimat ein Päckchen bekommen hatte, und gab sich auch mit uns ab. Allmählich konnte er so viel Deutsch, dass eine Verständigung möglich war. Wenn ihn etwas ärgerte, schimpfte und fluchte er in seiner Muttersprache. Kein Wunder, dass mein erstes französisches Wort, das ich kennenlernte, „merde" für Scheiße war. So lernte ich noch einige weitere französische Vokabeln kennen.

Im Verlauf des Krieges wurden auch russische Gefangene ins Dorf verlegt. Für sie wurde auf freiem Feld zwischen dem Dorf und dem Kraftwerk eine Holzbaracke als eigenes kleines Lager errichtet. Durch einen hohen Stacheldrahtzaun waren die Russen streng isoliert. Sie wurden meines Wissens nur als bewachte Gruppe zur Arbeit eingesetzt, vor allem zu Ausbesserungsarbeiten am Kanaldamm. In gehörigem Abstand beobachteten wir sie dabei und sahen, wie der Trupp bei heißem Wetter mit einem Schöpflöffel aus einem mitgeführten Milchkübel Wasser trinken durfte. Auch die Wachposten des Russenlagers kamen zu uns in das Geschäft. Sie tauschten ein paarmal von den Gefangenen hergestellte Weidenkörbchen, Kochlöffel und einfaches Holzspielzeug für Brot ein, um ihren hungernden Schützlingen zusätzliche Nahrung zu beschaffen.

Solange mein Vater nicht selbst eingezogen war, kamen Soldaten, die unsere Kunden gewesen waren, gerne zum Schneider auf Besuch und zum Erzählen, wenn sie auf Heimaturlaub waren. So bekam ich viel mit vom Krieg, wie ihn der einfache Landser in Polen und Frankreich erlebte. Als Russland angegriffen wurde, war auch der Vater Soldat. Es muss im Jahre 1940 gewesen sein, als er zur Grundausbildung bei den Gebirgsjägern in Berchtesgaden einrücken musste. Anschließend war er als Wachsoldat zum Gefangenenlager Moosburg abkommandiert, von wo er oft heimlich mit dem Fahrrad heimfahren konnte, wenn er frei hatte. Von Moosburg wurde er zum Gefangenenlager im Schloss von Tittmoning versetzt. Als von dort seine Kompanie nach Russland verlegt wurde, fuhr Mama mit der Bahn nach Tittmoning, um Abschied zu nehmen. Als Papa 1944 beim Rückzug im Mittelabschnitt der russischen Front von einem Pferdewagen, den man ihm anvertraut hatte, stürzte und sich verletzte, wurde er nach einem Lazarettaufenthalt in Brandenburg nicht mehr nach Russland geschickt, sondern nach Norwegen.

Anfang 1945 starb sein Vater. Papa bekam Heimaturlaub und kam Wochen nach der Beerdigung des Großvaters daheim an. Als er nach dem Urlaub wieder zu seiner Einheit nach Norwegen fahren wollte, war das nicht mehr möglich. Er kehrte aus Norddeutschland zurück und musste sich in der für ihn zuständigen Kaserne in Freising melden. Von hier wurde er nach Niederbayern in Marsch gesetzt, wo für ihn der Krieg zu Ende ging. Dass mein Vater den Krieg verhältnismäßig gut überstand, hatte er nach seinen eigenen Aussagen dem Beruf des Schneiders zu verdanken. Er musste den Offizieren die Uniformen bügeln und instandhalten. Solche Arbeiten ließen sich am besten nebenbei erledigen, wenn er nicht draußen eingesetzt wurde. So hatte er fast immer Telefondienst und damit eine Stube, in der er schneidern konnte.

Ich erinnere mich, dass er mindestens einmal sogar nach Russland einen Anzugstoff mitnahm und dort den Anzug für einen Kunden aus Erding nähte. Er schickte den fertigen Anzug mit der Feldpost heim, wo aber leider nur die leere Schachtel eintraf, weil den Anzug jemand gestohlen hatte.

Immer öfter kam es vor, dass von einer Front eine Gefallenenmeldung beim Bürgermeister eintraf. Sobald dieser – er war auch Ortsgruppenleiter der NSDAP – die Angehörigen verständigt hatte, durchlief die traurige Nachricht in Windeseile das Dorf. Besonders war ich betroffen, wenn einer gefallen war, der noch ein paar Wochen oder Monate vor seinem Tod bei uns im Laden gestanden hatte und vielleicht noch lustige Erlebnisse oder Soldatenwitze erzählt hatte.

War wieder einer aus dem Dorf gefallen, so gab es eine zweigeteilte Feier. In der Kirche hielt der Pfarrer einen „Heldengottesdienst", der nicht anders gestaltet war wie der Trauergottesdienst bei einem normalen Sterbefall. Anstatt am offenen Grab scharte sich die Trauergesellschaft, zu der aus jedem Haus mindestens eine Person gehörte, dann um das Kriegergrab. Hier sprach der Ortsgruppenleiter einige Sätze und es wurde das Lied vom Guten Kameraden gesungen. Eine Gruppe von Soldaten, die vom nahen Fliegerhorst auf einem Lastwagen vorfuhr, marschierte auf den Friedhof und feuerte aus Karabinern eine Ehrensalve ab.

In einem Fall war der Heldengottesdienst eine richtige Beerdigung. Der Sohn eines Landwirts hatte in Russland ein Bein verloren und war in die Heimat entlassen worden. Mit zwei Holzkrücken sah ich ihn wiederholt durch das Dorf humpeln. Er trug noch immer seine Uniform. Das leere Hosenbein hatte er aufgestrickt und mit zwei Sicherheitsnadeln auf der Höhe des nicht mehr vorhandenen Oberschenkels befestigt. Der schwer Verwundete war für die Bauernarbeit nicht mehr zu gebrauchen. Wenn seine Eltern auf dem Feld arbeiteten, war es ihm im Haus langweilig. So saß er tagsüber öfter im Wirtshaus. Und im Lokal hatte er eines Tages einen Blutsturz, den er nicht überlebte. Ich stand bei der Beerdigung nahe am Grab, war damals vermutlich schon Ministrant. Der Anblick des erschütterten Vaters am offenen Grab seines Sohnes geht mir bis heute nicht aus dem Kopf.

Für jeden Gefallenen wurde auf dem Familiengrab ein etwa einen Meter hohes Birkenkreuz aufgestellt. Wo sich die beiden Balken kreuzten, war ein kleines Holzbrett angenagelt, auf dem unter dem Namen des Toten und seinem militärischen Rang der Geburts- und Todestag sowie die Front, an der er gefallen war, standen. An einigen Kreuzen war dieses Täfelchen wie ein aufgeschlagenes Buch geschnitzt. Im Lauf des Krieges wurde die Zahl der Birkenkreuze auf dem Friedhof immer größer. Auf einem Grab standen schließlich zwei Kreuze nebeneinander, nachdem aus einem Haus zwei Söhne gefallen waren.

Es war im August 1943. Der Gerblsohn, welcher einmal den väterlichen Hof übernehmen sollte, wie sein Vater Bartholomäus hieß und Bart gerufen wurde, hatte einen sogenannten Ernteurlaub bekommen und fleißig bei der Getreideernte gearbeitet. Als er mit seinem Fahrrad, den Tornister auf dem Rücken und mit umgehängtem Gewehr, der Stahlhelm baumelte an der Lenkstange, zum Bahnhof aufbrach, um wieder nach Russland zu seiner Einheit zurückzukehren, war ich mit meiner Mutter zufällig im Garten beschäftigt. Der Bart hielt kurz an und gab uns zum Abschied die Hand und machte noch einen kleinen Witz. Im nächsten Jahr, meinte er, würde Deutschland den Krieg bestimmt gewinnen, weil wir dann zwei „Führer" – er meinte die beiden Vierer in der Jahreszahl 1944 – hätten. Es kam ganz anders und der Gerbl Bart ist im September 1944 in Russland gefallen.

Vorder- und Rückseite des Sterbebildes für den gefallenen Hoferben Bartholomäus Brand.

Immer häufiger ging auch auf dem Dorf die Sirene, weil Fliegeralarm war. War gerade Schule, so mussten wir schleunigst nach Hause laufen. Die Angst war größer als die Freude über den vorzeitigen Unterrichtsschluss. Bis zur Entwarnung saßen wir dann in unserem kleinen Keller auf der aus einem Brett und Ziegelsteinen provisorisch errichteten Bank. War nachts Alarm, so gingen wir bei der Entwarnung hinter das Haus und schauten auf den fernen Feuerschein über dem brennenden München. Ausgebombte Evakuierte oder Hamsterer, die aus München ins Dorf kamen, erzählten von den verheerenden Angriffen auf die Großstadt. Ich hörte von schrecklich verstümmelten Toten, tagelang in Kellern Verschütteten, Brand- und Sprengbomben sowie Luftminen.

Meine Angst vor den Bomben wurde noch größer, als im April 1945 die nahen Städte Erding und Freising bombardiert worden waren. Ich sehe mich noch tief verängstigt auf einer Zaunsäule unsere Grundstückes sitzen und Ausschau halten, ob jemand aus einer der beiden Städte zurückkehrte und schlimme Einzelheiten wusste.

Die Angst wuchs weiter, als in den letzten Kriegswochen immer öfter von Tiefffliegern erzählt wurde, die auf den Feldern auf Menschen und Zugtiere feuerten. Als einmal feindliche Jagdflieger über das Dorf hinwegbrausten, ging das so schnell, dass wir nicht einmal mehr aus dem Hof ins Haus oder unter einen Baum flüchten konnten. Schließlich blieb aber das Dorf doch von Bomben und Tieffliegergeschossen verschont.

Wir Buben beobachteten bei schönem Wetter die Kondensstreifen der Flugzeuge am Himmel und rätselten, was sie bedeuteten. Unklar war uns auch, warum wir nach Angriffen immer wieder Stanniolstreifen fanden, die offenbar von alliierten Flugzeugen abgeworfen wurden, um die Radaraufklärung der Deutschen zu behindern. Einige Male fanden wir auch Flugblätter. In der Schule war uns eingeschärft worden, eventuell gefundene Flugblätter ungelesen in der Gemeindekanzlei abzugeben. Gelesen haben wir sie selbstverständlich schon. Ich erinnere mich an ein Flugblatt, das mir rätselhaft war. Es wurde darin nämlich den Deutschen angedroht, sie würden hungern und hätten zum Essen wie im Weltkrieg von 1914/18 nur noch Kohlrüben. Ich kannte Rüben als Tierfutter und Kohlrabi als Gemüse für uns Menschen. Aber was waren Kohlrüben? Auch meine Mutter konnte es nicht erklären. Sie erinnerte sich, dass im Ersten Weltkrieg – damals war sie Kind – eine Rübensorte, die sie als „Dotschn" kannte, ein wichtiges Nahrungsmittel war. Sie verband mit dem Dotschenkompott sogar nostalgische Gefühle und bedauerte, dass der Anbau dieser gelblichen Rüben nicht mehr üblich war.

Ritterkreuz für einen Bauernknecht

Es muss der Kriegswinter 1944/45 gewesen sein. Im Radio kam die Nachricht, der Leutnant Albert … sei wegen seiner besonderen Tapferkeit an der Ostfront mit dem Ritterkreuz ausgezeichnet worden. Albert war einer der vier Söhne unseres Nachbarn, eines Landwirts, der sich damals Erbhofbauer nennen durfte. Die vier Söhne hatten nacheinander alle einrücken müssen. Vor dem Krieg arbeiteten drei als Knechte, teils auf dem elterlichen Hof und, soweit sie da nicht gebraucht wurden, bei anderen Bauern. Nur einer hatte einen Beruf erlernt und war Schneider.

Die Nachricht von der hohen Auszeichnung durchlief das Dorf in Windeseile. Bald nach der Radionachricht war in der Lokalzeitung zu lesen, dass der neue Ritterkreuzträger als erster im Landkreis Erding diese hohe Auszeichnung erhalten hatte.

Im Krämerladen meiner Mutter drehten sich die Gespräche in

diesen Tagen natürlich fast nur um dieses Ereignis. Als Zehnjähriger stand ich meistens im Laden dabei und hörte aufmerksam zu. Auch bevor sie Soldaten wurden, seien Albert und seine Brüder furchtlose Draufgänger gewesen, erfuhr ich. Erst später wurde mir bewusst: Da waren wohl Raufhändel angedeutet worden. Als Soldaten schlugen sie sich tapfer: Albert wurde Leutnant und sein Bruder Anton Hauptmann der Reserve.

Besonders wichtig bei den Gesprächen in unserem Laden war natürlich die Frage, für welche besondere Heldentat in diesem Fall das Ritterkreuz verliehen worden war. Ich hörte Erstaunliches: Albert sei auf einen fahrenden russischen Panzer aufgesprungen, habe den Einstiegsdeckel aufgerissen, eine Handgranate in den Innenraum geworfen und so das Fahrzeug außer Gefecht gesetzt. Ob auch über das Schicksal der Panzerbesatzung gesprochen wurde, weiß ich nicht mehr. Mir jedenfalls gingen die Gedanken lange durch den Kopf. Ein Überleben des Panzerfahrers oder der mehrköpfigen Besatzung erschien mir äußerst unwahrscheinlich. Auch war mir unklar, wie der tollkühne Angreifer lebend davonkommen konnte. Bis heute weiß ich nicht, ob die Schilderung des Vorgangs nur ein Hirngespinst der Dorfbewohner war oder doch einigermaßen den Tatsachen entsprach.

Offenbar war mit der Verleihung des Ritterkreuzes ein Sonderurlaub verbunden. Jedenfalls machte in unserem Dorf bald darauf die Neuigkeit die Runde, „unser" Ritterkreuzträger komme auf Heimaturlaub. Und natürlich sollte er, soweit das im Krieg überhaupt möglich war, mit großem Bahnhof empfangen werden. Sobald der Ankunftstag des Urlaubers feststand, brachte der Nachbar die landwirtschaftlichen Fahrzeuge und Geräte in Schuppen und Scheune und kehrte den Hof besonders gründlich. Nach dem Eintreffen am Bahnhof der Kreisstadt würde Albert vom Kreisleiter in dessen Wagen in das Dorf gebracht. Der gesamte Volkssturm sollte zum Empfang antreten.

Mit meinem um einige Jahre jüngeren Bruder nahm ich rechtzeitig unseren auch sonst beliebten Beobachtungsposten ein. Wir
setzten uns auf das Fensterbrett eines der beiden der Straße zu-
gekehrten Fenster. So hatten wir die Straße und die nachbarliche
Hofstelle gut im Blick. Auch die Mutter schaute mit uns wiederholt aus dem Fenster, wenn sie nicht im Laden aufgehalten wurde.
Zu kaufen gab es damals nur wenig. Aber anscheinend fiel einigen
Frauen gerade jetzt ein, dass ihnen das Salz oder der Essig ausgegangen war oder sie eine Briefmarke brauchten. Der wirkliche An-
lass für den Einkaufsgang war wohl der Wunsch, einen Blick in
den Nachbarhof werfen zu können. Dort standen inzwischen die
ersten Volkssturmleute in ihren Winterjoppen. Richtige Mäntel
waren die Ausnahme. Es war schließlich eine stattliche Zahl von
vorwiegend älteren Männern und einigen Heranwachsenden, die
vor einem Bauern, der das Kommando hatte – auch er war ohne
Uniform – Aufstellung nahm. Soweit ich mich erinnere, hatte dieses letzte Aufgebot auch keine Gewehre.

Die Ankunft des Erwarteten verzögerte sich. Das Stillstehen fiel
den Männern in der Kälte immer schwerer. Sie traten von einem
Fuß auf den anderen. Hin und wieder kam einer zu uns in den
Laden, um Streichhölzer oder Zigaretten zu erwerben, die es bekanntlich nur auf Raucherkarte gab. So erfuhren wir, man erkläre
sich die Verzögerung damit, dass der Kreisleiter den hohen Gast
wohl zu einem Umtrunk in die Kreisleitung gebeten habe, bevor er
ihn ins Dorf bringe. Mehr als einmal musste die Reihe der Ange-
tretenen wieder in Reih und Glied gebracht werden.

Plötzlich fing unsere hinter uns stehende Mutter so heftig zu
lachen an, dass sie nicht einmal sagen konnte, was so lustig war.
Die Tränen liefen ihre Wangen herunter, wie ich es bei ihr noch
nie erlebt hatte. Mit dem Zeigefinger bedeutete sie uns, wohin wir
schauen sollten: Da sahen wir, wie der schwarze Kater des Nachbarn mit erhobenem Schweif gemächlich über den Hof stolzierte

und sozusagen die Parade abnahm. Auch die Volkssturmmänner konnten sich vor Lachen kaum halten.

Und der Ritterkreuzträger ließ weiter auf sich warten. Bei den frierenden Volkssturmleuten kam der nicht unbegründete Verdacht auf, in der Kreisleitung gehe es feucht und lustig zu. Man lasse sich dort Zeit, während sie in der Kälte standen. Schließlich wurde es den Männern zu dumm. Sie zogen sich in den warmen Kuhstall des Hofs zurück. Ein vor dem Stall aufgestellter Posten sollte schreien, sobald er den Wagen des Kreisleiters kommen höre. Dann wollten alle schnell herauskommen und Aufstellung nehmen.

Funktioniert hat der an und für sich vernünftige Plan nicht. Als nämlich bei schon einsetzender Dämmerung das Auto endlich kam, ging alles viel zu schnell. Der Wagen hielt schon im Hof an, da war noch mindestens die Hälfte der Mannschaft im Stall. Der Kreisleiter stieg aus und schaute der Aufstellung des Volkssturms zu, der Ritterkreuzträger ging auf seinen Vater zu und rief „Grüß Gott, Vata!" Seine Stimme war so laut, dass auch wir auf der anderen Seite der Straße und hinter den Fensterscheiben es verstanden.

Kaum hatte der Volkssturm richtig Aufstellung genommen, da bedeutete der Kreisleiter nach einem kurzen Grußwort dem Kommandeur, die Leute abtreten und nach Hause gehen zu lassen. Er bestieg seinen Dienstwagen und ließ sich zurück in die Kreisstadt chauffieren. Der Ritterkreuzträger ging in sein Elternhaus. Das Schauspiel war nach wenigen Augenblicken vorbei.

Auf uns Buben hatte das so zackig ausgerufene „Grüß Gott, Vata!" so großen Eindruck gemacht, dass wir es uns noch nach Wochen lauthals zuriefen.

In seinen Urlaubstagen kam der Ausgezeichnete, er trug natürlich immer die Uniform und hatte sein Ritterkreuz am Hals, einige Male zu meiner Mutter in den Laden, um sich Zigaretten zu kaufen und weil es ihm langweilig war. Ehrfurchtsvoll stand ich dabei und blickte zu dem Helden auf. Besonders imponierte er mir, als er einmal mit seinem Vater im Hof stand und diesem zeigen wollte, wie treffsicher er schießen konnte. Ich beobachtete vom Fenster aus, wie er von einer Ecke des Hofes aus auf ein diagonal gegenüber am Tor des Geräteschuppens angenageltes blechernes Reklameschild zielte und dieses auch traf. Noch Jahre später ging ich, wenn ich auf den Hof kam, nahe an dem Tor vorbei und schaute auf das Einschussloch.

Der Ritterkreuzträger musste bald an die Front zurück. Er hat den Krieg überlebt, heiratete in eine andere Gegend Bayerns und wurde Polizist. Schließlich war er Chef einer Stadtpolizei. Sein Bruder, der Reserveoffizier, dagegen fiel auf dem Balkan.

Die Hamsterer kommen

Zogen in meiner frühen Kindheit Bettler, Hausierer, Alteisen- und Lumpenaufkäufer oder Viehhändler, in größeren Zeitabständen auch einmal ein Scherenschleifer von Haus zu Haus, so waren es in den letzten Kriegsjahren und in der Nachkriegszeit vor allem Hamsterer, die durch unser Bauerndorf gingen. Sie kamen durchwegs aus der Großstadt München, fuhren mit der Bahn in die Kreisstadt Erding und gingen dann zu Fuß die sechs Kilometer in unser Dorf. Einige hatten ihr Fahrrad dabei, fuhren bis zum Dorfeingang und schoben dann. Alle trugen einen Rucksack und eine Tasche. Sie hofften, am Abend mit Lebensmitteln reich beladen nach München zurückzukehren und für die nächsten Wochen nicht hungern zu müssen.

Im Dorf sah man die Hamsterer oft als lästige Bettler an, die man mit keiner oder einer möglichst kleinen Spende schnell loswerden wollte. Dass eine mitleidige Bäuerin einen Löffel Butterschmalz oder gar ein Stückchen Geräuchertes herausrückte, blieb die Ausnahme. Manchmal wurde ein Stück Brot gegeben, im Spätsommer und Herbst vielleicht etwas Fallobst oder ein paar Kartoffeln. Wenn es sich von der Arbeit her machen ließ, sperrte man die Haustüre ab – Klingeln gab es bei uns nirgends – und die Hamsterer sollten meinen, es sei niemand zuhause. Oft hörte ich, vor allem von Männern, die auf dem Hof bei der Arbeit überrascht und angebettelt wurden, die barsch ablehnende Antwort: „Mia ham seiba nix!" Uns Kindern schärfte man ein, wir sollten, wenn Hamsterer eine Hofstelle betraten und wir dort spielten, ihnen zurufen „Da is neambd dahoam!"

Das aufregendste Erlebnis mit Hamsterern, das im Dorf die Runde machte, kenne ich nur aus den Erzählungen der Erwachsenen: Es war ein heißer Sommertag im Jahr 1944. In vielen Bauernhäusern war niemand zuhause. Die Frauen und ältere Männer, die nicht mehr zur Wehrmacht eingezogen worden waren, arbeiteten mit den französischen Kriegsgefangenen und den Zwangsarbeitern aus der Ukraine auf den Wiesen. Ein hamsterndes Paar, eine Frau und ein Mann, wollten den mageren Ertrag ihrer Fahrt dadurch verbessern, dass sie die Ruhe im Dorf nutzten und auf dem Hof eines Anwesens, in dem sie niemand antrafen, eine Henne zu erwischen versuchten. Die Stadtmenschen stellten sich nicht geschickt genug an, ein älterer Bauer, der im Nachbaranwesen Heu ablud, hörte das aufgeregte Kreischen der Hühner, rannte mit der Heugabel in der Hand hinüber und überraschte die unglücklichen Hühnerjäger. Er stellte sie mit der Gabel und hielt sie solange fest, bis weitere Hilfe kam und die Polizei alarmierte.

Nicht nur Fremde kamen zum Hamstern. Auch Bauernkinder, die längst in München Arbeit gefunden hatten und dort geheiratet hatten, suchten jetzt häufiger als früher ihre Eltern oder sonstigen Verwandten im Dorf auf, um an zusätzliche Lebensmittel zu kommen. Ihre Chancen waren natürlich besser als die der Fremden. Da wir keine Landwirtschaft hatten, gingen die Hamsterer fast immer ohne zu betteln an unserem Haus vorbei.

Ein einziges Mal erlebte ich das Hamstern auch von der anderen Seite: Der Krieg war vorbei, die Lebensmittelversorgung aber noch schlechter als vorher. Eine Schwester meiner Mutter war Nonne in einem Kloster in Landshut. Diese „Klostertante" hatte von ihrer Oberin die Erlaubnis bekommen, uns zu besuchen, wenn sie den Besuch mit einem Hamstergang durch das Dorf verbinden würde. Natürlich verbesserte allein schon die Ordenstracht die Aussicht auf Erfolg. Nun kamen aber die Tante und meine Eltern auf die Idee, ich solle die Tante begleiten. Mich kannten so ziemlich alle Leute im Dorf als den Schneiderbuben und Ministranten und

Die Klostertante Schwester Walburga (2. v. links) war Solanusschwester in Landshut. Das Foto zeigt sie bei einem Professjubiläum im Kreis von Mitschwestern.

165

die Tante konnte sich überall durch meine Begleitung als Schwester meiner Mutter glaubhaft einführen. Angenehm war mir dieser caritative Einsatz nicht, obwohl alle Leute zu uns freundlich waren. Die Ausbeute blieb meiner Erinnerung nach eher bescheiden.

„Schwarze" Säue

Etwas Besonderes war es für mich immer, beim Schlachten eines Schweines zuschauen zu können. Ich ließ keine sich bietende Gelegenheit aus und habe heute noch deutlich vor Augen, was zu tun war, damit aus einem quietschenden Schwein im Stall schmackhafte Würste und köstliche Fleischstücke wurden, die im Keller und schließlich auf dem Teller landeten. Wenn ich als Erwachsener Freunden gegenüber bemerkte, ich hätte mir auch vorstellen können, das Metzgerhandwerk zu lernen, dann erntete ich nur ein ungläubiges Grinsen. Ob sie an meine keineswegs hünenhafte Figur oder an mein zartes Gemüt oder an beides dachten, sei dahingestellt. Jedenfalls weiß ich noch, wie das Schlachten und Wursten geht.

Wenn in unserem Laden eine Kundin einige Meter papierenen Pressackdarm, Wurstspagat und eine größere Menge Salz, Pfeffer und Majoran – bei uns heißt er „Maigram" – verlangte, dann war klar, dass eine Sau abgestochen wurde. Bei einigen Nachbarn durfte ich ohne weiteres Fragen zuschauen. Wurde das gemästete Tier aus seinem Stall getrieben und an einer Stelle, wo der Bauer mit der Axt weit ausholen konnte, mit einem gewaltigen Hieb auf den Kopf niedergestreckt, wir sagten dazu „damisch gschlagn", dann musste ich aus Sicherheitsgründen weit genug wegbleiben. War der entscheidende Schlag gelungen, dann wurde die arme Sau mit einem großen

Messer durch einen Stich in das Herz getötet. Ein Eimer mit einem Kochlöffel stand zum Auffangen und Umrühren des Blutes bereit. War das Tier ausgeblutet, packten es kräftige Männerhände an den vier Beinen und legten es in den bereitstehenden Sautrog. Nun wurde die Haut mit Brühpech, das deswegen Saupech hieß, eingerieben. Dann wurde kochend heißes Wasser darüber gegossen. Mit einer Eisenkette, die unter der auf dem Rücken liegenden Sau von zwei Seiten hin und her gezogen wurde, konnte man dann die Borsten weitgehend wegrippeln. Die Feinarbeit der Borstenentfernung erfolgte mit der Sauglocke, einem trichterförmigen Blech. Dann erst konnte das Schlachttier ausgenommen werden. Es wurde dazu bei dem einen Bauern im Kuhstall hinter den Kühen mit den Hinterläufen an zwei festen Haken an der Wand aufgehängt, bei anderen in der Unterfahrt, also dem überdachten Platz vor dem Stall, an der schräg stehenden Leiter, die zum Heuboden führte, festgebunden.

Nun schnitt man mit dem langen Messer den Kopf ab und schlitzte den Bauch auf: Der Dünn- und Dickdarm quollen heraus, Herz, Lunge, Leber und Nieren wurden herausgelöst. Das Entleeren und Putzen der Därme war eine wenig geschätzte, aber notwendige Arbeit. Brauchte man doch den Dünndarm zum Abfüllen der Leberwürste und den Dickdarm für die Blutwürste. Diese beiden Wurstsorten wurden noch am Schlachttag hergestellt. Dazu wurden die Innereien und der zerteilte Kopf gekocht. Es gab das erste Fleisch zum Probieren. Die Zunge galt als besonderer Leckerbissen. Was für die Leberwurst vorgesehen war, wurde durch den Fleischwolf gedreht, gewürzt, in den Darm gefüllt, mit Spagat zu Würsten abgebunden und auseinandergeschnitten. Der Majoran gab den Leberwürsten ihren typischen Geschmack. Für die Blutwürste, die im den Dickdarm abgefüllt wurden, war natürlich der wichtigste Bestandteil das Blut, zu dem die Gewürze und etwas Fleischsuppe kamen. In eine gute Blutwurst gehörten auch kleine Speckwürfel.

Blut- und Leberwürste wurden danach zusammen in einem Kessel bei nicht zu großer Hitze gekocht, man sagte „gebrüttet". Die fertigen Leberwürste wurden an einem waagrecht aufgehängten Besenstiel aufgereiht und bekamen so ihre ovale Form, während die dickeren Blutwürste zum Auskühlen auf ein Brett gelegt wurden und ungekrümmt blieben.

Auch das Wasser, in dem die Würste gekocht worden waren, wurde verwendet. Es hieß Brüttsuppe. Eine der ersten Mahlzeiten nach dem Schlachten war ein abgeröstetes Gemisch aus Leber- und Blutwurst mit einer Brotsuppe, für die die Brühe des Wurstkessels Verwendung fand.

Zerlegt wurde das ausgenommene Schwein erst einen oder zwei Tage nach dem Schlachten, wenn es ausgekühlt war. Das wertvollste Fleisch wurde dann in ziegelsteingroße Stücke, die Zenterlinge, geschnitten, die einige Wochen in einem Fass zur Sur eingelegt wurden, bevor sie in die Selch zum Räuchern gehängt wurden. Zum festen Programm gehörte nach einer Schlachtung die Herstellung von schwarzem und weißem Pressack und natürlich der Knöcherlsulz. Für sie wurden vor allem die Schweinefüße, das Sauschwanzl und auch die Schweinsohren hergenommen, soweit letztere nicht schon beim Pressackmachen verbraucht worden waren. Ein Teil der Leber- und Blutwürste sowie des Pressacks wurden auch häufig leicht geräuchert, damit sie länger hielten.

Die Schwäche für alles, was geräuchert ist, begleitet mich durch mein ganzes Leben. Eine meiner größeren Missetaten in der Kindheit war, dass ich mit meinem Freund in dessen Elternhaus auf den Getreidespeicher gestiegen bin und wir da oben das Türchen des Kamins geöffnet haben und uns im Kamin hängende Leber- und Blutwürste gestohlen haben. Im Haus meines Freundes gab es keine eigene Räucherkammer, Würste und Fleisch wurden einfach in den Kamin gehängt.

Unmittelbar nach dem Krieg haben wir auch bei uns daheim gelegentlich ein Schwein gefüttert und geschlachtet. Mindestens einmal wurde ich zum Blutrühren eingeteilt. Ich hatte dabei ein mulmiges Gefühl, rührte aber fleißig, weil mir mein nervöser Vater wiederholt zurief, ja fest zu rühren, damit das Blut nicht gerinnt und damit für das Wursten unbrauchbar wird.

Mein Vater konnte kein Schwein schlachten. Wir holten dafür unseren Nachbarn. Er betäubte die Sau dann im kleinen Hof hinter dem Haus. Einmal passierte es, dass er mit der Axt nicht richtig traf. Die Sau rannte laut quietschend im Hof umher, bis sie mit einem zweiten Hieb endlich zur Strecke gebracht wurde. Die heute üblichen Bolzenschussgeräte gab es damals noch nicht, jedenfalls nicht bei uns auf dem Dorf.

Solange im und nach dem Krieg die Lebensmittel rationiert waren, durfte man nicht beliebig oft schlachten. Vielmehr musste jede Schlachtung beantragt beziehungsweise angemeldet werden. Natürlich wurde immer wieder heimlich ein Schwein geschlachtet. Das nannte man dann eine „schwarze Sau". Schweine mit schwarzer Hautfarbe gab es bei uns nicht.

Als auch wir einmal eine schwarze Sau schlachteten, waren alle furchtbar nervös. Wir warteten, bis es finster war, holten dann erst vom Nachbarn den Sautrog. Schließlich trieben wir das Schwein möglichst vorsichtig aus dem Schuppen die zwei oder drei Meter zur hinteren Haustüre, um sie in das Waschhaus zu bringen. Gerade, als die Sau zwischen Schuppen und Haustüre war, tat sie einen Schrei. Und im gleichen Moment öffnete sich in einem Nachbarhaus die Türe. Eine hier untergekommene Flüchtlingsfrau wollte ihren kleinen Hund Gassi führen. Wir fürchteten, ihr Mann, dem man im Dorf alles zutraute, werde uns anzeigen. Er tat es nicht.

Ein Dorf wird erobert

Tiefer als das meiste, was ich die Jahre vorher und nachher erlebte, prägten sich mir die Ereignisse bei Kriegsende in das Gedächtnis ein. Viele Einzelheiten blieben in lebhafter Erinnerung, wenngleich mir als Zehnjährigem das Verständnis für die Hintergründe und Zusammenhänge natürlich fehlte und ich auf dem Bauerndorf die Weltgeschichte nur mit einem ganz kleinen Zipfel zu fassen bekam.

In der letzten Aprilwoche 1945 wurden in mehreren Häusern des Dorfes und auch bei uns Soldaten einquartiert. Es hieß, sie sollten sich nach ihrem Fronteinsatz einige Tage erholen. Uns Kinder interessierten besonders die mitgeführten Spezialfahrzeuge, die über das Dorf verteilt unter Baumgruppen abgestellt worden waren. Zusätzlich hatte man diese schweren Gerätewagen mit Tarnnetzen und Zweigen vor der Entdeckung durch Tiefflieger zu schützen versucht. „Unsere" drei Soldaten bedankten sich für die freundliche Aufnahme mit einer kleinen Konservendose, die Reis mit Huhn enthielt. Sie verabschiedeten sich nach zwei oder drei Tagen bei meiner Mutter mit der Bemerkung, nach ihnen kämen die Amerikaner.

Eine Vorstellung darüber, wer die Amerikaner waren, hatten wir nicht. Ich habe sie lange mit den Italienern verwechselt, über die wir aber auch nichts wussten. Man kann sich heute kaum noch vorstellen, wie wenig Ahnung wir Kinder damals, vor der Verbreitung des Fernsehens, von anderen Ländern und Völkern hatten. In der zweiteiligen Zwergschule wurde uns zwar Lesen, Schreiben und Rechnen beigebracht, aber kaum Sachwissen vermittelt.

Im Übrigen war die Unterrichtszeit immer wieder beeinträchtigt durch die Fliegeralarme. Sobald die Sirene ging, wie wir sagten, war der Unterricht vorbei. Auf schnellstem Weg mussten wir nach

Hause laufen und im Keller verschwinden. Freilich, je häufiger Alarm war, umso weniger Wirkung hatte die Sirene. Ich erinnere mich gut, wie wir an einem sonnigen Nachmittag im Lehmhaufen eines Nachbarn spielten und erst durch das heftige Brummen auf eine Formation amerikanischer Bomber aufmerksam wurden, die in westlicher Richtung über uns hinwegzogen. Offenbar hatten wir im Eifer des Spielens – wir gruben einen kleinen Luftschutzbunker in den Lehm – die Sirene überhört.

Dass die Amerikaner bald kommen würden, hatten wir von den Erwachsenen seit Wochen gehört. Es klang für uns Kinder eher wie ein Hinweis auf drohendes Ungemach, traf uns aber weniger als die immer öfter das Dorf in Windeseile durchlaufenden Schreckensnachrichten von an den Fronten gefallenen Männern aus dem Dorf. Auch die Berichte von in mehreren Bauernhäusern untergekommenen Münchnern, die ausgebombt waren, versetzten uns in Angst. Da war die Rede von Luftminen, die Häuser hinwegfegten, von Phosphorbomben, die ganze Straßenzüge in Brand steckten, von tagelang in Luftschutzkellern verschütteten Menschen und von schrecklich verstümmelten Verletzten und Toten. Ein junger Mann aus der Nachbarschaft, der in München bei der Reichsbahn eingesetzt und bei einem Luftangriff ums Leben gekommen war, wurde auf unserem Friedhof direkt an der Kirchenmauer beerdigt.

Als aber in den letzten Kriegstagen Soldaten, die von der Front gekommen waren, das Nahen der Amerikaner ankündigten, klang das bedrohlicher als die geäußerten Vermutungen einiger Dorfbewohner. Sie mussten es am besten wissen, waren sozusagen Fachleute. Und es stellte sich schnell heraus, wie recht sie hatten. Offenbar waren sie in einem nur geringen Abstand vor den nachdrängenden siegreichen Truppen der USA zurückgewichen.

Der 29. April war ein sonniger Frühlingstag. Am frühen Morgen wurden wir plötzlich durch einen Heidenlärm aus dem Schlaf aufgeschreckt. Wir Buben sprangen aus dem Bett, rannten im Hemd zur Haustür und sahen gerade noch, wie drei Panzer mit hoher Geschwindigkeit vorbeirasselten. Von Abbildungen her wussten wir sofort: Es handelte sich um moderne Tigerpanzer.

Während uns Kinder die drei Königstiger vor allem wegen ihrer Schnelligkeit mächtig beeindruckten, ja auf uns wie eine militärische Machtdemonstration wirkten, erklärte uns die Mutter: Es können keine angreifenden, sondern nur sich zurückziehende Fahrzeuge gewesen sein. Fuhren sie doch den Feinden nicht entgegen, sondern von der nahen Front weg.

Weil Sonntag war, mussten wir Kinder nicht nur am Vormittag zum Hochamt, sondern auch noch zur wenig beliebten Nachmittagsandacht, die von den Männern gemieden und fast nur von älteren Frauen und Kindern besucht wurde. Als wir am frühen Nachmittag von dieser Andacht heimgingen, war die Dorfstraße merkwürdig belebt. Kleine Gruppen Uniformierter zogen in südlicher Richtung durch das Dorf. Es war ein buntes Gemisch von feldgrauen Infanteristen, Fliegersoldaten in ihren bläulichen und vornehmer wirkenden Uniformen, braunen Arbeitsdienstlern und uns nicht bekannten Truppen. Auch uniformierte Frauen, sogenannte Blitzmädchen, waren darunter.

Bisher hatten wir die Angehörigen der Wehrmacht und des Arbeitsdienstes, sobald es sich um eine Gruppe handelte, nur in straffer Ordnung marschieren sehen. Der Arbeitsdienst war hin und wieder mit geschulterten Spaten und singend durch das Dorf marschiert, wenn er vom Lager im Nachbardorf zum Dienst zog oder auf dem Nachhauseweg war.

Ganz anders jetzt: Nun zogen ungeordnete und bunt zusammengewürfelte Grüppchen müde und abgekämpft dahin. Einige schoben auf zweirädrigen kleinen Karren oder zweckentfremdeten Kinderwagen ihr Gepäck vor sich her. Erwachsene Dorfbewohner, die am Zaun ihres Hauses standen und vergeblich nach einem heimkehrenden Sohn oder Ehemann Ausschau hielten, wurden von den Vorbeiziehenden um ein Stück Brot und ein Glas Wasser gebeten. Der armselige Durchzug dauerte Stunden.

Am Spätnachmittag fuhren schließlich nur noch drei oder vier Schwimmautos durch das Dorf, auch sie in südlicher Richtung. Solche Amphibienfahrzeuge waren uns noch nicht einmal von Abbildungen her bekannt. Später hörten wir von Schulfreunden, die am Dorfausgang wohnten, diese Autos hätten kurz angehalten, die Insassen hätten sich die Achselklappen und sonstigen militärischen Rangabzeichen von den Uniformen gerissen und in den Dorfbach geworfen, bevor sie weiterfuhren.

Gegen Abend erschütterten zwei gewaltige Detonationen das Dorf: SS-Truppen hatten beide Brücken über den Mittleren Isarkanal gesprengt, um das Vorrücken der Amerikaner aufzuhalten. Von ihrem Vorhaben, auch den Tunnel unter dem Kanal zu sprengen, konnte die SS angeblich durch die Bemühungen des Hauptlehrers und des Bürgermeisters abgebracht werden. Dadurch wurde die teilweise Überflutung des Dorfes verhindert. Am Tunnel wurde mit dicken Balken und Kies eine primitive Panzersperre aufgebaut.

Abends und in der Nacht blieb es dann im Dorf sehr ruhig. Die Amerikaner hatten bereits Freising besetzt. Der mittlere Isarkanal bildete für eine Nacht und einen Tag die Frontlinie.

Auch am Tag darauf, es war Montag, der 30. April, war das Wetter schön. Im Dorf herrschte buchstäblich die Ruhe vor dem Sturm. Bei Erwachsenen wie Kindern war das vorherrschende Gefühl eine beklemmende und lähmende Angst. Alle blieben zuhause, tauschten höchstens mit Nachbarn über den Zaun Nachrichten und Vermutungen aus. Immer wieder wurde die bange Frage gestellt, ob und wie man alles überleben werde.

Um die Mittagszeit ging ein deutscher Soldat von Haus zu Haus und forderte dazu auf, alle Fenster geöffnet zu halten und die Keller aufzusuchen. Es müsse mit Schießereien gerechnet werden. Die amerikanischen Truppen seien auf der anderen Seite des Kanals.

Nun saßen wir also mehrere Stunden in unserem Keller: die Mutter mit uns drei Buben und ein siebzehnjähriger Flakhelfer, der nicht in seine inzwischen von den Russen besetzte schlesische Heimat zurückkehren konnte; ihn hatte mein Vater bei seinem letzten Urlaub an einem Bahnhof aufgelesen und zu uns mitgebracht. Und schließlich unsere Wohnungsfrau, deren Mann irgendwo Soldat war. Der kleine Kellerraum war für die Kohlen und die Lebensmittelvorräte gedacht. Schon vor längerer Zeit hatten wir aus Brettern und Briketts notdürftig Bänke im Keller aufgestellt, damit wir bei den Fliegeralarmen wenigstens sitzen konnten.

Im Keller hatten wir auch die wichtigsten Habseligkeiten griffbereit für den Fall, dass wir das brennende Haus verlassen oder flüchten müssten. Die Mutter wollte dann die beiden Koffer mit der Kleidung nehmen, meine Aufgabe war es, eine Holzkassette mit dem Geld und den wichtigsten Papieren zu tragen. An die freie Hand sollte ich den siebenjährigen Bruder nehmen und der durfte dann den vierjährigen Jüngsten nicht auslassen.

Da saßen wir nun und horchten ängstlich nach Lauten und Geräuschen, aus denen wir zu erschließen versuchten, was sich oben abspielte. Mehrmals vernahmen wir für uns unverständliche Kommandos. Wiederholt war das Brummen eines Flugzeugs zu vernehmen. Ein Nachbar, der sich aus seinem Haus traute, schaute nach uns. Er erklärte uns, ein amerikanisches Aufklärungsflugzeug kreise über dem Dorf, um die deutschen Stellungen auf unserer Kanalseite auszumachen und der feindlichen Artillerie anzugeben. Wegen des Kanaldamms war es nicht möglich, von der gegenüberliegenden Kanalseite aus das Dorf einzusehen.

Immer wieder hörten wir Kanonendonner, vermuteten, viele Häuser seien bereits getroffen, und waren darauf gefasst, auch unser Haus könne jeden Moment getroffen werden, über unseren Köpfen einstürzen und uns im Keller verschütten.

Am späten Nachmittag setzte plötzlich ein anhaltendes Geknatter von Karabinern und Maschinengewehren ein. Die Kommandorufe wurden häufiger. Und plötzlich folgte eine unheimliche Stille. Unser Rätseln, wie diese plötzliche Ruhe zu erklären sei, dauerte höchstens Minuten. Dann meinten wir ein paar halblaute Stimmen zu hören. Jemand schlich um unser Haus. Dann wurde ganz plötzlich die Kellertür aufgerissen. Wir sahen einen Gewehrlauf und eine Männerstimme brüllte „Raus!"

Blitzschnell rannten wir mit erhobenen Händen die Kellertreppe hinauf und an mehreren braunen Soldaten vorbei. An unsere Koffer und die Geldkassette dachte niemand. Der Fußtritt, den ein Soldat dem Flakhelfer, der natürlich Zivilkleider angezogen hatte, versetzte, ließ uns um unser Leben laufen. Wir glaubten uns von den Soldaten mit den Gewehren verfolgt und liefen über die Straße auf den Hof des gegenüberliegenden Bauernanwesens, aus dem ebenfalls gerade die Bewohner gejagt wurden. Vor Schreck hatten zumindest wir Kinder nicht bemerkt, dass zwei Schüsse in den Keller gefeuert worden waren. Noch lange waren die beiden Löcher im Ziegelboden zu sehen. Und die Mutter erinnerte später daran, dass die Kugeln unmittelbar neben dem großen Glas mit den eingelegten Eiern in den Ziegelboden eingedrungen waren, der Eiervorrat aber nicht getroffen wurde.

Als wir uns in unserem panischen Schrecken endlich umzusehen trauten, waren keine Soldaten mehr hinter uns. Wir schauten auf unser Haus zurück und sahen Erstaunliches: Amerikanische Soldaten – die meisten für unsere Begriffe riesengroße Kerle – durchkämmten Haus und Garten in Windeseile. Sie gingen nicht durch die Haustür, sondern stiegen seitwärts durch die Fenster ein und sprangen auf der anderen Seite wieder hinaus. Das nächste Grundstück betraten sie nicht über die Straße, sondern traten einfach ein Stück Zaun um und bahnten sich so den kürzesten Weg von Haus zu Haus und von Garten zu Garten. Ihre verhältnismäßig leichten Schnürstiefel hatten offenbar nicht weniger Durchschlagskraft als die uns bekannten schwereren und genagelten deutschen Knobelbecher. Die gummibesohlten amerikanischen Schuhe waren auch die Erklärung dafür, warum wir nicht gehört hatten, wie die ersten Soldaten in das Haus eingedrungen waren.

Auf dem Hof stehend sahen wir etwa 100 Meter entfernt noch einige deutsche Soldaten ohne Helm und Gewehr fliehen und um eine Hausecke verschwinden. Die Amerikaner durchkämmten das ganze Dorf. Um uns kümmerte sich keiner mehr. Nur langsam wagten wir, unsere als Zeichen der Ergebung immer noch erhobenen Hände wieder herabsinken zu lassen. Der ganze Spuk hatte nur wenige Minuten gedauert.

Während alle Häuser, die wir sehen konnten, noch standen, zeigten zwei Rauchsäulen an, dass es an anderen Stellen des Dorfes brannte. Noch am Abend erfuhren wir: Bei einem Bauern war der Stadel in Brand geschossen worden und abgebrannt. Und ein Anwesen nahe der Kirche war bis auf den Grund ein Raub der Flammen geworden. Erzählt wurde, die Amerikaner hätten einen fliehenden deutschen Soldaten im Haus verschwinden sehen. Sie hätten daher eine Handgranate ins Haus geworfen und es dadurch in Brand gesteckt. Ein deutscher Soldat sei aber nicht aufgestöbert worden.

Einige Tage später suchten mein Freund und ich vergeblich die Brandstätte nach dem eisernen Koppelschloss des vielleicht im Haus verbrannten Soldaten ab.

Dass die amerikanischen Truppen eine Handgranate in den Hausgang der Brauerei geworfen hatten, war kein Gerücht. Wenn wir in den folgenden Monaten unsere Zuteilung an Magermilch in der Brauereigaststätte abholten – die Milchausgabestelle war tatsächlich in der Wirtschaft –, schauten wir uns jedesmal die Stelle an, wo das Pflaster von der explodierenden Granate aufgerissen worden war. Im Haus hatten sich mehrere deutsche Soldaten aufgehalten, die sich widerstandslos gefangennehmen ließen.

Zum schrecklichsten Vorfall scheint es im oberen Dorf gekommen zu sein: Ein junger SS-Mann habe mit seinem Motorrad bei laufendem Motor gewartet, bis er die ersten Amerikaner kommen sah. Bevor er davonfuhr, habe er noch schnell geschossen und durch das Schlafzimmerfenster eines Hauses einen amerikanischen Soldaten mit einem Bauchschuss schwer verwundet.

Nachdem wir an dem aufregenden Tag eine Zeitlang im Hof des Nachbarhauses herumgestanden waren, trauten wir uns wieder unser Haus zu betreten. Ich saß dann auf dem Fensterbrett unserer Stube und schaute auf die Straße. Schon bald kamen die Amerikaner, die inzwischen offenbar das Dorf bis zum südliche Ende durchkämmt hatten, zurück. Ihre Gewehre hielten sie schussbereit, gingen aber jetzt alle auf der Straße. In ihrer Mitte hatten sie einige Gefangene, die sich wohl am Dorfausgang ergeben hatten. Zwei von ihnen stützten einen Kameraden, der ein Bein hochgezogen hatte, das durchschossen worden war. Erst Tage darauf erfuhren wir: Die bei der Einnahme des Dorfes gefangengenommenen Soldaten wurden über Nacht in einem Stadel des unteren Dorfes eingesperrt und erst am folgenden Tag abtransportiert.

Im Dorf hatten nicht nur wir Kinder keine Ahnung davon, dass am selben Tag die Stadt München besetzt wurde und sich Adolf Hitler im Bunker der Reichskanzlei in Berlin erschoss.

Nach den Aufregungen des 30. April schliefen wir in der Nacht zum 1. Mai tief. Wir, das war die Mutter mit uns drei Buben. Alle vier lagen wir im Elternschlafzimmer. Am Morgen weckte uns ein gleichmäßiges und unheimliches Brummen, das wir uns nicht erklären konnten. Als ich auf ein Fensterbrett kletterte, erlebte ich eine doppelte Überraschung: Über Nacht hatte es nach einigen sonnigen Frühlingstagen noch einmal geschneit. Eine geschlossene Schneedecke hatte sich über das Dorf gebreitet.

Die Ursache des rätselhaften Lärms klärte sich schnell auf: Er kam von den amerikanischen Militärfahrzeugen, die sich im

Schritttempo an unserem Haus vorbei durch die enge Dorfstra-ße schoben. Offenbar war das ganze Dorf mehr oder weniger von Fahrzeugen verstopft.

Ich nahm meinen bewährten Beobachtungsposten an einem der Fenster zur Straße ein und sah so Aufregendes, dass die Angst vor der kindlichen Neugier in den Hintergrund trat.

Offenbar hatten die Amerikaner, nachdem sie am Abend vorher mit Fußtruppen das Dorf eingenommen und durchsucht hatten, erst am Morgen die Panzersperre beseitigt, um mit ihren Fahrzeu-gen nachrücken zu können. Vom Tunnel her wälzte sich nun eine nicht enden wollende Kolonne in und durch das Dorf.

Da sah ich die ersten Jeeps und schwere Lastautos, die wie alle Fahrzeuge mit großen weißen Sternen bemalt waren und auf de-nen bewaffnete Soldaten saßen, während andere neben den Au-tos zu Fuß gingen. Dazu kamen kleinere Mannschaftswagen und Sanitätsautos, auf die riesige rote Kreuze aufgemalt waren. Auch Panzer waren in der Kolonne. Diese amerikanischen Shermanpan-zer waren viel größer, aber auch schwerfälliger als die deutschen Königstiger. In der schmalen Straße und zwischen den Häusern des Dorfes wirkten sie wie richtige Ungetüme. Vor meinem Fenster blieb ein Panzer kurz stehen, ein Soldat sprang herab und rann-te in das Nachbarhaus. Und im nächsten Augenblick flogen einige Dachplatten in die Höhe und dann in die Dachrinne. Der GI hatte eine Luke in das Dach geschlagen, aus der er mit dem Fernglas in die Richtung der Kreisstadt schaute. Er gab offenbar der Panzerbe-satzung ein Zeichen. Und diese feuerte mit der Panzerkanone ei-nige Schüsse auf die Stadt ab, bevor sich der Truck wieder langsam in Bewegung setzte.

Noch aufregender als die riesigen, fahrbaren Festungen war der Anblick der farbigen Soldaten, die uns nun auffielen, während wir am Abend vorher keine Farbigen bemerkt hatten. Zu der das Dorf besetzenden Kompanie hatten offenbar nur Weiße gehört. Wie ein

Schwarzer aussieht, war uns nur vom Mohr im Struwwelpeter her bekannt. Gehört hatten wir die Tage vorher von den Erwachsenen, unter den amerikanischen Truppen seien „sogar Schwarze", die man sich wohl als besonders gefährlich und gewalttätig vorstellte. Weil wir die Schwarzen mit dem heißen Afrika in Verbindung brachten, folgerten wir, dass sie hier in Schnee und Kälte besonders froren.

Unter den vorüberziehenden Soldaten waren auch welche, die ihre erbeuteten Armbanduhren stolz vom Handgelenk bis zum Ellbogen aneinandergereiht als Trophäen trugen.

Nicht alle Fahrzeuge fuhren weiter in Richtung Stadt. Viele suchten einen Abstellplatz. Zäune wurden einfach umgefahren. In Höfen und Gärten standen schließlich die unterschiedlichsten Fahrzeuge dicht gedrängt. Im Obstgarten nebenan errichteten Sanitäter ein Zelt und warteten mit ihrem Rotkreuzwagen auf Einsätze.

Inzwischen hatte die Mutter das Frühstück hergerichtet. Wir saßen am Küchentisch und brockten das dunkle Brot in den Ersatzkaffee. Plötzlich kamen einige Soldaten in die Wohnstube und setzten sich für eine kurze Rast und zum Aufwärmen nieder. Sie unterhielten sich und schauten uns aufmerksam beim Frühstücken zu. Wahrscheinlich war ihnen das Einbrocken des Brotes in den Kaffee neu. Unsere Furcht, sie würden uns das Brot wegnehmen oder plündern wollen, erwies sich als unbegründet. Sie verließen das Haus bald wieder.

Es folgten aber andere, die sich in den wenigen Räumen des Hauses niederließen und auch den kleinen Lebensmittelladen in Beschlag nahmen. Wir hörten, wie im Laden Holz splitterte. Hernach stellten wir fest, dass die Männer nicht die Ladeneinrichtung zertrümmert hatten, sondern nur einen Stuhl kleingeschlagen und eingeheizt. Wir trauten uns jetzt aus unserer Stube nicht mehr hinaus. Voller Angst blickten wir durch das Fenster, ob auch Farbige unser Haus betraten. Viele schauten offenbar nur in die Zimmer, ob sie noch ein freies Plätzchen zum Rasten finden könnten, und gingen in andere Häuser weiter, weil kein Raum mehr frei war.

Am Nachmittag traten zwei Männer zu uns herein und versuchten der Mutter etwas zu erklären. Einer zeigte mit dem Finger auf das Zifferblatt seiner Armbanduhr. Schließlich begriffen wir: Wir mussten innerhalb einer Viertelstunde unser Haus verlassen. Schnell zogen wir uns möglichst warm an und traten mit unseren für die Flucht vorgesehenen Habseligkeiten auf die Straße, die sich inzwischen in eine braune Schlammpiste verwandelt hatte.

Unser erster Zufluchtsort war der Stall vom Gerbl. Die Bauernfamilie war ebenfalls aus dem Wohnbereich verwiesen worden, konnte aber in den Stall ausweichen. Hinter den Kühen auf Schemeln und Hockern sitzend tauschten wir unsere Erlebnisse aus. Der Bauer erzählte, ein Amerikaner habe ihn nach der Uhrzeit gefragt. Als er dann seine Sackuhr – so hießen bei uns die Taschenuhren – herauszog, um ihn die Zeit ablesen zu lassen, habe sie ihm der Ami weggenommen.

Gegen Abend wechselten wir das Quartier. Die Mutter hatte in Erfahrung gebracht, dass im nächsten Bauernhaus die Familie in Küche und Stube bleiben durfte, während das übrige Haus auch von Soldaten beansprucht wurde. Wir wurden noch aufgenommen, obwohl die beiden Räume schon mit anderen Nachbarn gut gefüllt waren.

Hier verstand es der Bauer – als Halter des Gemeindestiers hatte er ja nicht einrücken müssen –, erste Kontakte zu den Besatzern einzufädeln.

Im Hof des Anwesens stand die fahrbare Gulaschkanone und von hier aus wurden die im Dorf anwesenden Truppen versorgt. Der Bauer brachte es fertig, dass uns die Amerikaner mit einer warmen Mahlzeit versorgten: Es gab Corned Beef mit Erbsen und Gelben Rüben.

Für die Nacht wurde eine Trennung von Erwachsenen und Kindern vorgenommen. Die großen Leute übernachteten auf dem Steinboden der Küche. Wir Kinder durften in die gute Stube mit Holzboden. Zu elft lagen wir im Raum. Und nun wurde es nach alle den Aufregungen zum ersten Mal auch wieder lustig. Das notdürftig zusammengesuchte Bettzeug reichte sogar für eine Kissenschlacht.

Am Tag darauf zogen wir wieder um: Eine andere Nachbarfamilie, deren Haus bereits wieder freigegeben worden war, nahm uns mit. Wir bekamen ein ganzes Zimmer mit Betten für uns. Von der Gred dieses Hauses aus konnten wir die nächsten Tage mein direkt gegenüberliegendes Elternhaus beobachten. Es herrschte geschäftiges Treiben. Vor allem farbige Soldaten gingen aus und ein. Im Haus hatte sich ein farbiger Offizier mit seinem Büro einquartiert. Jeden Morgen trat seine Kompanie zum Appell an. Der Hauptmann stand dann wie ein Denkmal im betonierten Rundbogen des Gartentürls, wenige Meter vor unserer Haustüre.

Einmal beobachtete ich, wie ein vorbeiradelnder Zivilist aufgehalten und kontrolliert wurde. Er saß dann den ganzen Nachmittag auf den Stufen unseres Hauseingangs. Gegen Abend holte ihn ein Jeep ab. Es handelte sich vermutlich um einen deutschen Soldaten, der in Zivilkleidung der Gefangenschaft entgehen und mit dem Fahrrad nach Hause fahren wollte. Der Jeep brachte ihn wohl in das nächste Gefangenenlager.

Unsere Wohnungsfrau, die inzwischen bei einem Bauern untergekommen war, wagte es, mit dem Offizier in unserem Haus Kontakt aufzunehmen. Der erlaubte ihr, aus ihren beiden Zimmern im ersten Stock einige benötigte Dinge zu holen. Die Erlaubnis wurde ihr schließlich auch für unsere Wohnung im Parterre gegeben. Da sich die Mutter nicht in ihr Haus traute, brachte uns die Mieterin das Gewünschte. Einmal durfte oder musste ich mitgehen, um tragen zu helfen. Bei dieser Gelegenheit betraten wir auch das vom Kompaniechef bewohnte Zimmer. Der Uniformierte war ein gutgenährter, gemütlich aussehender und für den kleinen Raum eher zu wuchtig geratener Herr, dessen freundliches Lächeln mir die schreckliche Angst vor dem Gesicht eines Farbigen nahm.

Da die Wohnungsfrau schließlich für den Mann kochte und die Wäsche wusch, konnte sie das Haus jederzeit betreten. Hinter unserem Haus brannte tagelang ein kleines Feuer, in dem Soldaten ihre Abfälle verbrannten. Damit das Feuer besser brannte, warfen sie immer wieder hinein, was sie im Haus an Papier finden konnten, darunter natürlich auch für uns Wichtiges.

Zum Ärger meiner Mutter mussten wir auch einige Male mit ansehen, wie ehemalige Kriegsgefangene in unser Haus gingen und sich aus dem Laden Päckchen mit Ersatzkaffee oder Waschpulver besorgten. Mutter sprach von Plünderung. Wahrscheinlich war es einfach so, dass in der einen oder anderen Familie im Haushalt etwas Wichtiges ausgegangen war und die Bäuerin ihren Franzosen gefragt hatte, ob er sich das Benötigte aus dem besetzten Haus zu holen traute.

Offenbar hatten die amerikanischen Soldaten bei uns auch versteckte Schätze gesucht. Einen im Garten vergrabenen Waschkessel, in dem wir eine eiserne Ration von Zucker, Ersatzkaffee und Mehl versteckt hatten, entdeckten sie, obwohl wir überzeugt gewesen waren, die Stelle gut getarnt zu haben. Wir fanden, als wir unseren Garten zum ersten Mal wieder betraten, den Kessel neben dem geöffneten Versteck. Der Inhalt war unberührt, da er für die Soldaten nicht interessant war.

Unser Wohnungsherr hatte bei seinem letzten Urlaub sein reifenloses Fahrrad im Speicher hinter aufgeschlichtetem Holz gut versteckt. Ohne Erfolg. Als wir, noch im Nachbarhaus untergebracht, plötzlich lautes Scheppern hörten und aus dem Haus liefen, sahen wir, wie ein farbiger Uniformierter mit diesem Fahrrad auf den bloßen Felgen die holprige Dorfstraße auf und ab fuhr. Seine

Kameraden schauten laut lachend zu. Die Bäuerin aus dem Nachbarhaus, die Binder Moni, hatte das Spektakel ebenfalls beobachtet. Sie redete oft mit mir. Diesmal fragte sie mich, ob ich nicht auch meine, die Hautfarbe der Neger würde sich doch aufhellen, wenn sie sich gründlich waschen würden.

Der Vater kehrt heim

Wir waren immer noch im Nachbarhaus untergebracht, als eine Kundin der Mutter, die in einem der beiden Häuschen wohnte, die auf der anderen Seite des Kanals standen, zu uns kam und uns mitteilte, mein Vater halte sich bei ihnen auf. Er sei dort untergeschlüpft, weil er sich als geflohener Soldat nicht in das Dorf traue wegen der amerikanischen Kontrollstelle am Kanaltunnel. Damit war Mutter ihre größte Sorge los. Sie wusste nun: Ihr Mann hatte den Krieg überlebt. Sie war nicht allein mit ihren drei Kindern.

Schon am Tag darauf stand der Vater plötzlich vor uns. Er hatte sich bei seinen Gastgebern eine möglichst schäbige Arbeitskleidung und eine Mistgabel zu leihen genommen und als vermeintlicher Bauernknecht die Kontrolle unbehelligt passiert. Warum er nicht in Gefangenschaft geraten war, erklärte er uns so: Seine Einheit sei in einer Scheune eines niederbayerischen Dorfes untergebracht gewesen, von den Amerikanern überrascht und in Gefangenschaft abgeführt worden. Da er im richtigen Augenblick auf dem stillen Örtchen über dem Misthaufen gesessen sei, habe man ihn übersehen. Er habe sich einige Tage versteckt gehalten. Dann habe er von einer Bauernfamilie ein Fahrrad zu leihen genommen und sei in der Dunkelheit in Richtung Heimatdorf gefahren.

Wir haben die folgenden Monate, als man sich wieder frei zu bewegen traute, den Kanaltunnel wiederholt passiert, vorbei an den beiden sich langweilenden amerikanischen Posten. Das in roter Farbe groß an den Beton gepinselte Wort „Clearing" war jahrelang zu sehen, auch als längst keine Posten mehr dort standen.

Einen oder zwei Tage nach Vaters Heimkehr durften wir unser Haus wieder beziehen. Die meisten Soldaten waren inzwischen verlegt worden. Die im Dorf verbliebenen wurden in den wenigen, zum Kraftwerk gehörenden Wohnhäusern konzentriert. Der amerikanische Ortskommandant residierte im Pfarrhaus, während der Herr Pfarrer in ein Bauernhaus ausweichen musste.

Das Leben normalisiert sich

In unserem Haus war eine Generalreinigung fällig. Die Mutter schrubbte die Holzböden, der Vater hängte alle Türen und Fenster aus und schüttete im Garten kübelweise Wasser darüber. Offenbar hatte er als Soldat diese keineswegs herkömmliche Säuberungsmethode gelernt. Wir Kinder suchten überall in der Hinterlassenschaft der Amerikaner nach Lebensmitteln, vor allem Konservendosen. Der höchste Genuss für die ganze Familie war es, als wir im benachbarten Obstgarten, in dem das Sanitätszelt gestanden war, eine Dose mit saftigem, in Scheiben geschnittenen Schinken entdeckten. In den meisten Fällen fanden wir beim Öffnen der Dosen nur eine Portion Käse, der uns weniger schmeckte. Verhältnismäßig wenig Freude hatten wir auch an den kleinen, mit Wachs überzogenen Päckchen, die offenbar die Tagesverpflegung für einen Soldaten enthielten: unter anderem leicht gesalzene Kekse und ein kleines Gläschen mit Chlortabletten zur Desinfektion des Trinkwassers.

Wir hatten gesehen, wie die amerikanischen Soldaten blendend weißes Brot in den Mund steckten. Bei den farbigen Gesichtern wirkte dieses Brot auf uns noch weißer als es in Wirklichkeit war. Unser Brot war während des Krieges immer dunkler geworden. Wir meinten natürlich ein so weißes Brot, wie wir es nun zu sehen bekamen, müsse besonders schmackhaft sein. Als wir ein liegengelassenes größeres Stück der würfelförmigen Brotlaibe fanden, verteilten wir es in der Erwartung eines besonderen Genusses gerecht. Die Enttäuschung blieb nicht aus. Das Brot der Amerikaner schmeckte nach nichts. Ähnlich ging es uns später mit dem gebackenen Mais, dem Popcorn. Wir schauten den Soldaten zu, wie sie es auf ihrem Sportplatz aus kleinen Zellophantüten aßen. Endlich fielen einige Körner auf den Boden. Wir hoben sie möglichst unauffällig auf und probierten. Der Genuss hielt sich in bescheidenen Grenzen.

Es war ungefähr eine Woche vergangen seit der Einnahme des Dorfes. Der Frühling war zurückgekehrt. Wie auf ein Kommando erwachte das Leben im Dorf wieder. Die Landwirte spannten ein und fuhren hinaus zur Feldarbeit. Die vielen Pferde- und Ochsengespanne erinnerten ein wenig an die Kolonnen der Militärfahrzeuge, die kurz vorher das Dorf beherrscht hatten.

Für uns Kinder wurde das Dorf wieder zum großen Spielplatz. Voll Eifer suchten wir nach Spuren der aufregenden Tage: zwischen Dorf und Kanal besichtigten wir die vielen Erdlöcher, die sich die deutschen Soldaten zur Deckung gegraben hatten. Wir fanden und sammelten die Hinterlassenschaft des Krieges, um damit zu spielen.

Das einzige, was die Erwachsenen von unseren Fundsachen brauchen konnten, waren die Seitengewehre. Sie eigneten sich gut als Krautmesser, mit denen die Bauern im Herbst die Krautköpfe für den Verkauf herrichteten.

In den ersten Wochen der Besatzungszeit war abends Polizeistunde, d.h. man durfte von einer bestimmten Uhrzeit an seine

Wohnung bis zum nächsten Morgen nicht verlassen. Am Abend ging täglich eine bewaffnete Patrouille durch das Dorf und kontrollierte die Einhaltung der Polizeistunde. Tagsüber konnte man sich frei bewegen. Jeden Morgen fuhr ein Panzer durch das Dorf und demonstrierte die Macht der Sieger. Er verbreitete keine Angst mehr, außer dass ihm die Landwirte beim Einholen des Grünfutters möglichst nicht begegnen wollten. Sie fürchteten nämlich, die Pferde könnten vor Schrecken scheuen und durchgehen.

Die auffälligste Kriegsnarbe im Dorf hatte der Kirchturm aufzuweisen. Eine Kanonenkugel hatte in seine dicke Mauer ein Loch gerissen, gerade so groß, dass man darin stehen konnte. Mit Schulfreunden stieg ich einige Male die enge Treppe im Kirchturm hinauf. Nacheinander stellten wir uns in die Mauerbresche und schauten in einer Art Mutprobe auf den Friedhof hinunter. Ob es nur eine Vermutung war oder tatsächlich zutraf, dass die Amerikaner deswegen auf den Kirchturm gezielt hatten, weil von ihm aus deutsche Beobachter die Lage westlich des Kanals auskundschaften wollten, weiß ich nicht.

Eher belustigend fanden wir bei unseren Streifzügen den Anblick eines Hauses, dem durch einen Granatentreffer ein Hauseck weggeschossen worden war. Im Obergeschoss war ein großes Stück Wand herausgebrochen, sodass eine Bettstatt im Freien stand.

Die im Dorf stationierte Besatzung richtete sich in der Nähe ihrer Quartiere auf einer Wiese einen provisorischen Sportplatz her. Wir Kinder schauten beim Baseballspiel, dessen Regeln wir nicht ganz durchschauten, gerne zu. Wichtiger als das Spiel war uns aber etwas anderes: Wir sammelten um die Wette Zigarettenkippen, die von den zuschauenden Soldaten in für deutsche Verhältnisse beträchtlicher Länge weggeworfen wurden. Jedesmal stellten wir uns hinter die Rauchenden und warteten, bis es soweit war. Stolz lieferten wir dann daheim unsere Jagdbeute ab.

Die Väter – damals waren fast alle Raucher – drehten sich

aus mehreren Kippen wieder eine Zigarette. Diese Glimmstängel schmeckten offenbar immer noch besser, als die aus eigenem Tabakanbau gewonnenen. Es wurde nämlich von 1945 an bis zur Währungsreform üblich, dass sich die Raucher im Garten Tabakpflanzen zogen. Bei vielen Häusern sah man unter dem Vordach die zum Trocknen aufgehängten Tabakblätter hängen. Und wie heute der Austausch von Kochrezepten ein beliebtes Thema ist, so hatte damals jeder Raucher seine eigene Methode der Behandlung der Tabakblätter. Jeder lobte seinen Tabak, aber alle waren froh, als es nach der Währungsreform wieder genügend Zigaretten und Rauchtabak zu kaufen gab.

Während bei den Männern die Rauchwaren besonders gefragt waren, so dass am Schwarzmarkt die Zigaretten eine Ersatzwährung wurden, träumten Kinder und Frauen von Kaugummi, Schokolade und Südfrüchten. Die Amerikaner setzten diese Schätze, die nur bei ihnen zu holen waren, gezielt ein, um mit Mädchen ins Gespräch zu kommen. So beobachtete ich mit meinem Freund im Sommer 1945, wie im Schwimmbad in der Nähe unseres Dorfes, einem ehemaligen Kiesweiher, einige Soldaten scheinbar gelangweilt dem Treiben im und am Wasser zusahen. Immer wenn Mädchen in ihre Nähe kamen, jonglierten sie mit einigen großen Orangen. Ob der Trick „Früchte" trug, weiß ich nicht, weil wir bald darauf heimgehen mussten.

Als ich um diese Zeit mit einer Nachbarsfrau in ein Bauernhaus mitgehen durfte, aus dem sie stammte, staunte ich nicht schlecht, als ich mehrere amerikanische Soldaten in der Stube um den Tisch und auf der Ofenbank sitzen sah. Es herrschte eine ausgelassene Stimmung. Offensichtlich kehrten die GIs regelmäßig ein, seit sie gemerkt hatten, dass mehrere erwachsene Töchter in diesem Haus lebten.

Die wichtigsten Nachrichten, die das Dorf durchliefen, galten in dieser Zeit der Heimkehr von Soldaten aus der Gefangenschaft und den ersten Lebenszeichen Vermisster. Wem, wie meinem Vater, die Rückkehr geglückt war, ohne in Gefangenschaft zu geraten, der brauchte einen Entlassungsschein. Es blieb dann nichts anderes übrig, als sich freiwillig in das nächste Gefangenenlager zu begeben und sich um die Entlassung zu bemühen. In unserem Fall war das ein provisorisches Lager im nahen ehemaligen Fliegerhorst. Die Gefangenen kampierten dort im Freien.

Auch mein Vater musste sich dieser Prozedur unterziehen. Mit dem Rad fuhr er zu seinem Elternhaus im Nachbardorf und ging von dort in das Lager in unmittelbarer Nähe. Nach wenigen Tagen kehrte er als Entlassener zurück. Er erzählte, er sei auf einem Lastwagen an unserem Haus vorbei von den Amerikanern zur Arbeit gefahren worden. Uns war schon aufgefallen, dass täglich mehrere schwere amerikanische Laster durch das Dorf fuhren, auf denen dichtgedrängt Gefangene standen. Nun klärte sich das Rätsel auf: Die Sieger wollten möglichst schnell die gesprengte Kanalbrücke wiederherstellen, welche die Straße zwischen Freising und Erding unterbrochen hatte. Sie brachten daher täglich Gefangene aus dem Lager an die Baustelle, darunter einmal auch meinen Vater. Als die Brücke nach ein paar Wochen fertig war, war für den Verkehr zwischen den beiden Städten der Umweg durch den Tunnel nicht mehr nötig und es wurde auf der Hauptstraße des Dorfes, die am Elternhaus vorbeiführte, viel ruhiger.

Gefährliche Spiele

Die amerikanischen Tiefflieger, die plötzlich und mit einem Höllenlärm über die Dächer des Dorfes hinwegbrausten und von deren todbringenden Schüssen wir immer wieder gehört hatten, waren überstanden. Auch der Kampf um das Dorf und seine Einnahme war ohne Personenschäden unter den Zivilisten glimpflich ausgegangen. Die Angst war vorbei.

Und trotzdem lebten wir Kinder gefährlich. Als Zehn- und Elfjährige unterschätzten wir manche Gefahr. In einem alten kleinen Feuerwehrhaus, das längst ausgedient hatte, war vom nahen Fliegerhorst Wochen oder Monate vor Kriegsende ein zerlegtes Jagdflugzeug ausgelagert worden. Tage nach der Einnahme des Dorfes hatten Erwachsene auf der Suche nach Beute das Häuschen aufgebrochen und alles Brauchbare mitgenommen. Die Pilotenkanzel war aus dem Gebäude herausgezerrt, aber als für zivile Zwecke nutzlos stehengelassen worden. Als keine Erwachsenen, wir sprachen von den „großen Leuten", in der Nähe waren, sahen wir uns das Flugzeugteil genauer an. Wir merkten, dass man die Kanzel wie ein kleines Karussell drehen konnte. Einer durfte auf dem Pilotensitz Platz nehmen, die andern drehten möglichst schnell. Als ein dabei stehendes fünfjähriges Mädchen ebenfalls Karussell fahren wollte, ließen wir es einsteigen. Weil jetzt keiner von uns älteren Buben drin saß und wir kräftiger drehen konnten, erreichten wir eine erstaunliche Geschwindigkeit. Plötzlich kippte die aufgestellte Kanzel um und die Insassin stürzte schreiend heraus. Unser Schrecken war groß, aber weder uns Herumstehenden noch dem Kind war etwas passiert. Freilich hatte wir mehr Glück als Verstand, als das zentnerschwere Flugzeugteil umfiel. Mit schlechtem Gewissen und einem flauen Gefühl im Magen verließen wir den gefährlichen Spielplatz und mieden ihn von da an.

Etwas anderes schien zunächst ungefährlich. Mein Freund hatte mitbekommen, dass ein Landwirt beim Ausräumen des alten Feuerwehrhäuschens zwei große Schläuche von Flugzeugrädern mitgenommen und in seinem Stadel versteckt hatte. Als alle Leute auf den Feldern waren, schlichen wir uns in den Stadel und holten einen der beiden aufgepumpten Schläuche. Ein schlechtes Gewissen quälte uns dabei nicht. Hatten wir doch nur einem Dieb einen Teil seiner Beute weggenommen.

Wir trugen den Schlauch ein Stück den Lauf des Saubachs hinauf, setzten ihn ins Wasser und stiegen in unser Boot, um eine Fahrt den Bach hinab durch das Dorf zu unternehmen. Der Dorfbach ist nicht tief, oft hatten wir ihn an seichten Stellen barfuß und mit hochgezogenen Hosenbeinen durchquert. Die Fahrt ließ sich gut an. Wir erlebten das Dorf aus einem ungewohnten Blickwinkel. Als der Bachlauf eine Kurve machte, gerieten wir zu nahe an des Ufer, von dem lange Brennnessel herüberhingen. Um uns nicht zu brennen, bückten wir uns beide schnell zur gleichen Seite. Der Schlauch kippte um und wir fielen ins Wasser.

Nun kommen an Kurven von Wasserläufen häufig Vertiefungen im Bachbett vor, die wir Gumpen nannten. Wie viele andere Kinder im Dorf konnten auch wir beide nicht schwimmen. Ich strampelte hilflos und in Todesangst unter Wasser und gelangte nicht auf die Füße. Ob mein etwas größerer Freund zuerst zum Stehen kam und mich aufstellte oder ob ich schließlich von allein wieder auf die Höhe kam und einige Schritte in das seichtere Wasser machen konnte, kann ich nicht sagen. Unser Schrecken war jedenfalls so groß, dass wir beide nicht wussten, wie wir uns gerettet haben. Auch das Boot konnten wir retten. Aber zu einer weiteren Fahrt kam es nicht mehr. Ein Flüchtlingsjunge, der das Boot bei uns im Garten liegen sah, huschte blitzschnell herein und nahm es mit. Ich sah zwar, wie er den Schlauch vor sich her durch das Dorf trieb. Aber der Dieb war viel kräftiger als ich. Obwohl wir wussten, in welchem Bauernhaus er mit seiner Familie untergekommen war, wagten wir es nicht, unseren „Besitz" zurückzufordern.

Wir sammelten nach Kriegsende alles, was wir in den von den deutschen Soldaten fluchtartig verlassenen Schützenlöchern fanden: Stahlhelme, Gasmasken und Seitengewehre. Ein Stahlhelm, der an einer Seite durchschossen war, regte unsere Phantasie besonders an. Wir kombinierten, er müsse wohl von dem Hauptmann stammen, der erschossen in einem der Schützenlöcher aufgefunden worden war.

Ein verlassenes Maschinengewehr war uns zu schwer zum Heimtragen. Aber einen Kasten mit Munition schleppten wir heim. Der Vater meines Freundes hatte eine Holzhütte in seinem Obstgarten stehen, in der er Fahrräder reparierte und so zu seiner bescheidenen Landwirtschaft etwas hinzuverdiente. Als die Luft rein war, klemmten wir in dieser Werkstatt eine Gewehrmunition nach der andern in den Schraubstock und bearbeiteten sie mit einem Nagel und einem Hammer, bis das längliche Projektil herausfiel. Wir hatten schließlich eine Menge dieser „Schießkugeln", verwendeten sie als Munition für die Spielzeugkanone meines Freundes und schossen um die Wette. Freilich reichte die Schusskraft der Feder nur für wenige Meter. Wie groß allerdings die Gefahr bei unserer unkonventionellen Waffenproduktion war, will ich lieber nicht wissen.

Bei einem unserer Streifzüge in der Nähe des Dorfes kamen wir an eine Stelle, an der in einer dafür ausgehobenen Bodenvertiefung eine Kanone aufgestellt gewesen war. Die deutschen Soldaten waren mit ihrem Geschütz rechtzeitig geflohen, hatten aber in der Eile einiges liegen gelassen. Unter anderem fanden wir runde, unterschiedlich dicke, weiße Leinensäckchen. Ihr Durchmesser entsprach den ebenfalls herumliegenden großkalibrigen, leeren Patronenhülsen. Mit dem Schnacklmesser, das in einer Hosentasche wichtiger war als das Taschentuch, schnitten wir ein Säckchen auf. Es enthielt Körner, die wir als Sprengpulver ansahen. Wir nahmen die Säckchen mit und planten einen Sprengversuch. Das Experiment sollte natürlich ohne Wissen der Erwachsenen ablaufen. Deshalb legten wir die weißen Säckchen an einer nicht einsehbaren Stelle nahe dem Bach zu einem Häufchen zusammen, banden mehrere Schnüre zu einer langen Zündschnur aneinander, deren eines Ende die Säckchen berührte, während wir das andere in einem ziemlichen Abstand hinter einen kleinen Erdhügel anzündeten, wo wir uns in Deckung legten. Nach einigen Versuchen fraß sich das Feuer tatsächlich zum Sprengpulver durch. Es kam aber zu keiner Explosion, sondern zu einer hohen Stichflamme, die in Sekundenschnelle wieder in sich zusammensank. Anscheinend hatte niemand unser Treiben beobachtet. Auch die Flamme blieb unbemerkt.

Das Sammeln von Strandgut aus dem Krieg fand ein jähes Ende. Wir hatten am Dorfeingang nahe beim Bach eine Granate gefunden, die wir für das Geschoss eines Feuerwerfers hielten. Wahrscheinlich waren wir schon vor dem gefährlichen Spiel mit Munition gewarnt worden. Jedenfalls ließen wir dieses Geschoss nach eingehender Begutachtung liegen, wo wir es gefunden hatten. Einige Tage darauf geschah ein schreckliches Unglück. Ganz nahe bei der Stelle, an der wir die Munition gefunden hatten, explodierte ein Geschoss, mit dem Kinder spielten. Ich sehe noch den Vater von acht Kindern, unseren Schreiner, wie er mit einem Blutspritzer im Gesicht wie wahnsinnig an unserem Haus vorbeiradelte. Er holte Hilfe bei den Sanitätern der Amerikaner, die noch im Dorf stationiert waren. Der Jeep mit den Helfern raste durch das Dorf. In einem Schuppen nahe der Unglücksstelle leisteten die Sanitäter Erste Hilfe. Ein Bub hatte so schwere Kopfverletzungen erlitten, dass er bald nach dem Unfall starb. Ich war bei der Beerdigung des achtjährigen Willi dabei. Der Pfarrer wies am Grab darauf hin, dass der Vater des Verunglückten als Kriegsgefangener im fernen Australien war. Zwei Töchter des Vaters, der die Sanitäter alarmiert hatte, waren ebenfalls verletzt. Die eine hatte schwere Bauchverletzungen und überlebte nur knapp. Der anderen hatte ein Splitter eine Wange verletzt. Die Narbe erinnerte noch nach Jahrzehnten an das Unglück. Alle drei Verunglückten waren jünger als ich.

Sabotage als Lausbubenstreich

Die amerikanische Ortskommandantur unseres Dorfes verband ein am Straßenrand verlegtes Telefonkabel mit der Militärregierung in der Kreisstadt. Hinter unserem Grundstück führte eine Feldstraße von der Dorfstraße auf die Äcker. Das Telefonkabel lag quer über diese Feldstraße. Eines Tages beobachteten mein Freund und ich, wie ein Jeep hielt und zwei Soldaten das Kabel reparierten. Die Fahrzeugräder der Landwirte hatten offenbar das Kabel auf der aufgeweichten und unbefestigten Straße durchtrennt. In unserem Übermut kamen wir auf die Idee, das Kabel absichtlich zu beschädigen. Wir malten uns genüsslich aus, wie die Amerikaner die sechs Kilometer lange Telefonleitung absuchten, um die Ursache des Schadens zu finden. Mit zwei Steinen klopften wir solange auf das Kabel, bis es riss. Ganz bewusst gingen wir an der Einmündung der Feldstraße ans Werk, also genau dort, wo durch die Bauernwägen das Kabel zum ersten Mal beschädigt worden war. Die Amerikaner sollten glauben, die Fuhrwerke seien wieder schuld an der Unterbrechung der Telefonleitung. Wir wiederholten unseren Sabotageakt mehrfach und legten uns auf die Lauer. Es dauerte auch nie lange, und der Jeep kam und die Leitung wurde geflickt. Die Soldaten mussten nicht mehr lange nach dem Fehler suchen. Sie hatten bemerkt, wo das Kabel besonders gefährdet war.

Nach einigen Tagen wurde es ihnen dann zu dumm: Sie legten das Kabel höher, indem sie es an der Dachgaube unseres Hauses und am Dach des nächsten Hauses auf der anderen Seite der Straße befestigten. Nun fuhren die Bauern unter der Leitung durch und wir mussten unser unverantwortliches Tun aufgeben.

Merkwürdigerweise hatten wir kein schlechtes Gewissen, waren eher stolz auf die erzielte Wirkung. Den Erwachsenen gegenüber hielten wir natürlich dicht, auch als die Mutter erzählte, wie erschrocken sie gewesen sei, als ein Amisoldat plötzlich im Haus stand und die Stiege hinaufging. Er habe aber dann nur das Kabel befestigt und ihr bedeutet, darauf aufzupassen, dass es nicht beschädigt werde.

Evakuierte, Flüchtlinge und Ausgewiesene

Die Betroffenen legten großen Wert auf diese Unterscheidung. Evakuierte lebten schon in den letzten beiden Kriegsjahren im Dorf. Zuerst waren es Frauen aus dem Ruhrgebiet mit ihren Kindern, dann vor allem ausgebombte Münchner Familien. Der erste Flüchtlingstransport, der eintraf und in unserem Schulhaus untergebracht wurde, waren die Ungarndeutschen. Dazu kamen dann Ostpreußen und Schlesier. Alle waren vor den Russen geflohen. Nach dem Krieg folgten als größere Gruppe noch die Sudetendeutschen. Sie waren von den Tschechen grausam aus ihrer Heimat abgeschoben worden und zählten als Ausgewiesene.

Die Einheimischen aber machten kaum Unterschiede. Sie betrachteten die Ankömmlinge alle mehr oder weniger als Eindringlinge, denen fast in jedem Haus mindestens ein Zimmer abgetreten werden musste, denen man am einzigen Herd das Kochen nicht verwehren konnte und die natürlich auch etwas zum Kochen brauchten. Die wenigsten waren in der Lage oder bereit, bei der harten Bauernarbeit mitzuhelfen. Sie wurden für ungeschickt und faul gehalten. Jeden Diebstahl traute man ihnen zu.

Ich erinnere mich gut daran, wie der Unterricht in einem Wirtshaussaal abgehalten wurde, weil unsere beiden Schulräume von den „Ungarn" bewohnt wurden. Der Hauptlehrer wohnte aber noch in seiner Dienstwohnung im Schulgebäude. Eines Tages erzählte er uns im Unterricht wütend, die Flüchtlinge seien so unverschämt gewesen und hätten ihm aus seinem Keller Kohlen gestohlen.

Vermutlich taten wir Kinder uns mit ersten Kontakten zu den Fremden leichter als die Erwachsenen. Wir saßen mit ihnen zusammen im Unterricht und hörten mit Interesse, was sie uns über ihre schlimmen Erlebnisse erzählten. So erfuhren wir, wie ein dreijähriger Bub auf der Flucht aus Ungarn bei einem längeren Aufenthalt in einem Bahnhof auf den Gleisen spielte und ihm dabei von einem Zug drei Finger abgefahren wurden. Die betroffene Familie blieb auch später im Dorf. Der verunglückte Bub konnte mit seiner schwerbeschädigten Hand kein richtiges Handwerk erlernen. Er wurde Briefträger. Ich traf ihn Jahrzehnte lang immer wieder einmal. Wir tauschten dann einige belanglose Worte. Und die verkrüppelte Hand erinnerte mich an sein frühes Unglück.

Einer der neuen Schulfreunde nahm mich einmal mit in unser Schulhaus, das nun Flüchtlingslager war. Im Gang hingen riesige Schinken von der Decke. Die Flüchtlinge hatten vor der Flucht noch Rinder geschlachtet und das Fleisch getrocknet oder geräuchert. Ich hatte solch riesige Schinken noch nie gesehen. Der Geruch im Haus war beißend wegen der Fleischvorräte, aber auch wegen der dicht belegten Schulräume. Auf dem Boden lagen Decken und Matratzen. Mit Leintüchern waren für die Familien provisorisch Räume abgeteilt.

Bald nach Kriegsende wurde das Lager im Schulhaus aufgelöst und die Bewohner vom Flüchtlingskommissar der Gemeinde in verschiedene Häuser eingewiesen. Einige von ihnen mussten in die Baracken eines ehemaligen Lagers des Reichsarbeitsdienstes, zwei Kilometer vom Dorf entfernt, ziehen.

Es war wohl im Frühsommer 1945, als ich zufällig dazukam, wie eine größere Zahl Notöfen in der Mitte des Dorfes abgeladen wurde. Sie hatten nur eine kleine Herdplatte, sodass nur ein Topf darauf Platz fand. Die Öfen wurden an die Flüchtlingsfamilien ausgegeben und bald ragte aus mehreren Bauernhäusern ein kleines Ofenrohr aus einem Fenster.

Vater wird entnazifiziert

NSDAP-Mitglied war mein Vater 1938 oder 1939 geworden. Entschlossen hat er sich zu diesem Schritt vermutlich aus geschäftlichen Gründen. Er hoffte offenbar nicht nur auf neue Privatkunden. Wichtiger war, dass er nun Uniformhosen schneidern und in eine der beiden Kasernen nach Freising liefern durfte. Wahrscheinlich hatte der Ortsgruppenleiter für den neuen Parteigenossen ein gutes Wort eingelegt. Vielleicht erklärte das auch, warum Vater die undankbare Aufgabe des Ortskassiers übernehmen musste. Nach Kriegsbeginn waren die Hosenlieferungen besonders wichtig. Während andere Dorfbewohner ihr Motorrad stilllegen mussten, um Sprit für den Krieg zu sparen, bekam der Schneider einen roten Winkel auf sein Nummernschild und damit die Fahrerlaubnis. Musste er doch aus Freising das Uniformtuch abholen und die gefertigten Hosen dort abliefern. Als er im zweiten Kriegsjahr als 35-Jähriger zur Wehrmacht eingezogen wurde, waren die beiden Aufgaben des Parteikassiers und des Uniformschneiders gleichzeitig erledigt.

Wie in vielen anderen Wohnungen hing auch bei uns ein Hitlerbild. Sein Platz war über dem Schneidertisch. An einer anderen Wand des Raumes, über dem Küchen- und Esstisch, hing ein Kruzifix, links davon ein dornengekrönter Christuskopf und rechts ein Haupt Mariens. Während Jesus und Maria einfache Schwarzweißdrucke waren, wirkte das Hitlerportrait wie ein echtes Ölgemälde.

Es war farbig. Die braune Uniform des Führers bestimmte den Gesamteindruck.

Wenn wir wegen des schlechten Wetters einmal nicht nach draußen konnten und es uns auch im Haus langweilig wurde, haben mein Bruder und ich gelegentlich Schießübungen mit einem Einmachgummi und Papierknöllchen veranstaltet. Adolf Hitler war dann immer die Zielscheibe. Ich zerbreche mir heute den Kopf darüber, warum wir nicht auch die religiösen Bilder ins Visier nahmen. Vielleicht war es die Scheu vor einem blasphemischen und damit sündhaften Tun. Oder wir schossen auf Hitler, weil dann in dem Raum die Schussweite größer war.

In den letzten Kriegstagen nahm die Mutter das Hitlerbild ab, zerriss es und steckte es in das Ofenloch. Es war kein Ölgemälde auf Leinwand, sondern nur ein bedruckter Pappendeckel in einem Holzrahmen.

Das Parteiabzeichen des Vaters aber ließ sich nicht verbrennen. Die Mutter warf es ins Plumpsklo. Zu den wenigen Büchern im Haus gehörte auch Hitlers „Mein Kampf". Weil es ohne Bilder war, hatte ich mich dafür nicht interessiert. Ich wusste nicht einmal, in welcher Schublade es lag. Als wir nach der Freigabe unseres Hauses wieder Ordnung schafften, fiel der Mutter auf, dass das Buch nicht mehr da war. Sie hatte vergessen, es rechtzeitig zu vernichten. Und so war es Beutegut eines US-Soldaten geworden. Wie „Mein Kampf" in unser Haus kam, weiß ich nicht. Da meine Eltern bereits 1932 geheiratet hatten, kann es nicht das übliche Hochzeitsgeschenk des Standesamtes gewesen sein. Dass sie das Buch gekauft haben, kann ich mir überhaupt nicht vorstellen. Bücher wurden bei uns nicht gekauft. Am ehesten war es ein Geschenk der NSDAP-Ortsgruppe bei der Aufnahme in die Partei gewesen.

Die Entlassung aus der ehemaligen Wehrmacht beziehungsweise aus der Gefangenschaft war das eine, die Entnazifizierung das andere. Vater musste einem langen Fragebogen ausfüllen und bei der

Mein Vater mit dem Parteiabzeichen am Revers. Die Aufnahme entstand um 1939.

Entnazifizierungsbehörde in der Kreisstadt vorsprechen. Er wurde als Mitläufer eingestuft. Fast ein halbes Jahrhundert später konnte ich in einem Archiv die Niederschrift der Entnazifizierungsverhandlung einsehen. Sie enthielt nichts für mich Überraschendes. Wie viele ehemalige NSDAP-Mitglieder vertrat auch mein Vater, solange er lebte, den Standpunkt: „Nie wieder eine Partei!"

Die Einstufung als „Mitläufer" halte ich auch aus heutiger Sicht für richtig, und zwar im wahrsten Sinne des Wortes. Nicht nur in der NS-Diktatur gab es viel zu viele Mitläufer; auch sie können eine Demokratie gefährden.

Der hochwürdige Herr Pfarrer und der Herr Hauptlehrer

Die wichtigsten Respektspersonen im Dorf und in der ganzen Gemeinde waren der Pfarrer und der Schulleiter. Beide kamen aus München. Beiden muss das Heimischwerden in unserem Bauerndorf, in das kein öffentliches Verkehrsmittel führte, schwergefallen sein, dem Pfarrer vermutlich noch schwerer als dem Lehrer.

Das wichtigste Verkehrsmittel war für Jung und Alt, für Frauen und Männer das Fahrrad. Mit ihm fuhren wir zum Zahnarzt, Arzt und Apotheker oder auch zum Jahrmarkt in die Kreisstadt. Die Kinder des zur Gemeinde und zum Schulsprengel gehörenden Nachbardorfs kamen mit dem Rad in die Schule, die Erwachsenen radelten zur Arbeit auf die oft weit außerhalb des Dorfes liegenden Wiesen und Felder.

Der einzige Erwachsene, der nicht Rad fuhr, war der Pfarrer. Er ging immer zu Fuß, nicht nur, wenn er in der Kreisstadt etwas zu erledigen hatte oder von ihr aus mit der Bahn nach München fahren wollte, sondern auch, wenn er in einer der beiden Filialkirchen Gottesdienste hielt. Und das war oft genug der Fall. Las er doch jede Woche einmal in beiden Nachbardörfern die Messe. In der Pfarrkirche war an den übrigen vier Werktagen vor der Schule Messe. An Sonn- und Feiertagen hatten wir die Wahl zwischen der Frühmesse und dem Hochamt. Die Gottesdienstbesucher der beiden Filialen mussten dann ebenfalls in die Pfarrkirche kommen. Die Frühmesse wurde vor allem von den Hausfrauen besucht, weil sie dann rechtzeitig wieder zu Hause waren und sich um den Sonntagsbraten kümmern konnten.

Der Pfarrer hatte deswegen auch einen guten Kontakt zu uns Kindern, weil wir ihm oft auf der Straße begegneten und er dann immer mit uns redete. Er erzählte gerne von seiner früheren Tätigkeit als Leiter eines Wohnheims für Lehrlinge in der Landeshauptstadt.

Im Religionsunterricht lernten wir bei ihm die wichtigsten und deswegen fett gedruckten Aussagen des Katechismus auswendig. In Erinnerung blieben mir seine handfesten Regeln für ein anständiges Christenleben und eindrucksvolle Geschichten, so die von einem zum Tode verurteilten Verbrecher, den seine Mutter vor der Hinrichtung noch einmal besuchte und der ihr ungeratener Sohn noch schnell kräftig ins Ohr biss, als lebenslänglichen Denkzettel dafür, dass sie ihn nicht streng genug erzogen hatte.

Ob dadurch das Verständnis von uns Schulkindern für die Watschn – wir sagten „Schellen" oder „Fotzn" – oder Kopfnüsse, mit denen er schnell bei der Hand war, gefördert wurde, weiß ich nicht. Das Tatzensteckerl bemühte er nur selten. Auch aus heutiger Sicht meine ich, dass wir kein schlechtes Verhältnis zu unserem Pfarrer hatten, der trotz Strenge Verständnis und Humor zeigte, uns sogar hin und wieder kleine Szenen spielen ließ, deren Stoff nicht immer aus der Heiligen Schrift stammte. So durfte ich einmal den Hansl spielen, als wir das Lied „Spannenlanger Hansl, nudeldicke Dirn, schüttelst du die Äpfel, schüttle ich die Birn" in Szene setzten.

Die Geschichten der Bibel versuchte der Pfarrer uns in lebhaften Erzählungen nahezubringen und mit den großformatigen Bildtafeln des Malers Gebhardt Fugel. Er besaß davon offenbar eine größere Serie und schleppte nicht nur die gerade im Unterricht aktuellen Bilder in die Schule, sondern stellte auch regelmäßig eine der Tafeln in der Pfarrkirche auf einen Seitenaltar, um den Text des Sonntagsevangeliums zu illustrieren.

Einmal im Jahr kam der Herr Pfarrer in alle Häuser, und zwar bald nach Ostern, sobald die für die Osterbeichte gesetzte Frist verstrichen war. Er ließ sich dann die Beichtzettel vorlegen und kontrollierte so, ob alle entsprechend dem Kirchengebot in der

Osterzeit das Bußsakrament empfangen hatten. Auch in den Wall-fahrtskirchen bekam man einen Beichtzettel. Bei den Erwachsenen war der Beichtzettel ein vielbesprochenes Thema. Vor allem fragte man immer wieder, wo der eine oder andere Mann, der nicht in die Kirche ging, seinen Beichtzettel hergebracht hatte. Unterschiedliche Vermutungen wurden bei uns im Laden oder in der Schneiderei geäußert. Der Diebstahl des Zettels aus dem Gebetbuch der Mutter oder Großmutter war eine der Möglichkeiten, eine andere die Weitergabe eines Beichtzettels, wenn eine fromme Seele in der österlichen Zeit zweimal ihre Sünden bekannt und einen Nachweis weitergeben konnte. Sogar im Wirtshaus sollen Beichtzettel gehandelt worden sein, wenn in der einen Familie die Kontrolle schon vorbei war, in einer anderen aber noch erwartet wurde. Weil der Herr Pfarrer der erste in unserer Pfarrei war, der keine eigene Landwirtschaft mehr betrieb, bekam er bei seinen Hausbesuchen auch oft ein paar Eier oder ein Stück Geselchtes geschenkt.

Natürlich wurde nicht nur Gutes über den Pfarrer gesagt. Es kam zwar nicht so weit wie in einer Nachbargemeinde, wo man dem Pfarrer nachts einen Rucksack und einen Hacklstecken vor die Haustür gestellt hatte als Aufforderung, die Pfarrei zu verlassen. Als unser Pfarrer einmal nicht selbst einen Sterberosenkranz vorbetete, sondern sich zur gleichen Zeit in einem Wirtshaus des Dorfes eine Leberkäsbrotzeit genehmigte, machte das im Dorf die Runde.

Nach dem tödlichen Motorradunfall eines Mannes wagte der Pfarrer bei der Leichenrede anzudeuten, der Tote sei Kommunist gewesen. Vor allem bei der Verwandtschaft des Toten kam das nicht gut an. Am meisten hat er seinem Ruf bei den Frauen geschadet, als er nach 15 Jahren um eine andere Pfarrei eingab und unser Dorf verließ. Erst kurz vor seinem Umzug soll er seiner leiblichen Schwester, die seine Köchin war, mitgeteilt haben, er nehme sie nicht mit. Sie habe ihn jetzt lange genug geärgert. Tatsächlich lebte dann die verlassene Pfarrersköchin noch mehrere Jahre im Dorf.

Bei diesem Pfarrerwechsel war ich bereits im Internat und kam nur zu den Ferien heim. Auch der neue Pfarrer war ein Münchner. Er hatte nach Meinung der Bauern zu wenig Verständnis dafür, dass man bei bestimmten Witterungsverhältnissen auch am Sonntag heuen oder die Getreideernte einbringen wollte. Damals war es nämlich üblich, dass es der Geistliche am Sonntag von der Kanzel verkündete, wenn er ausnahmsweise die Arbeit auf den Feldern oder Wiesen erlaubte. Der neue Pfarrer war sparsam mit diesen Sondergenehmigungen, las aber manchmal den Bauern bei der Predigt des folgenden Sonntags die Leviten, wenn sie ohne Erlaubnis am Sonntag davor doch draußen gearbeitet hatten.

Zwei andere Änderungen fielen mir beim neuen Pfarrer auf: Einmal war er mobiler als sein Vorgänger, weil er Rad fuhr. Und dann hatte er offenbar im Religionsunterricht den Kindern eine andere Grußformel beigebracht. Während wir dem alten Pfarrer einfach „Grüß Gott, Herr Pfarrer!" zuriefen, schrien jetzt die Kinder „Gelobt sei Jesus Christus", wenn Hochwürden vorbeiradelte. Ich konnte mich zu diesem Gruß nie bereitfinden, weil ich darin die Gefahr einer natürlich unbeabsichtigten Gleichsetzung von Gott und Pfarrer sah.

Im Gegensatz zu beiden Pfarrherren besaß der Herr Hauptlehrer, soweit meine Erinnerung zurückreicht, schon ein Auto, einen schwarzen DKW, dessen hölzerne Türen mit Stoff überzogen waren. Anders als die Geistlichen kamen die Volksschullehrer damals nicht von einer Hochschule, waren also keine Akademiker und brauchten auch kein Abitur. Nach der Mittleren Reife wurden sie einige Jahre an einer Lehrerbildungsanstalt auf ihren Beruf vorbereitet. Die erste Stelle unseres späteren Hauptlehrers war eine einklassige Zwergschule in einem zu unserer Gemeinde gehörenden Dorf des Erdinger Mooses. Als dann die Stelle an der zweiteiligen Schule unseres Pfarrdorfes frei wurde, wurde er hier Schulleiter mit dem Titel „Hauptlehrer". Während ein „Fräulein" die Schüler der vier unteren Klassen in einem der beiden Schulzimmer unterrichtete, war der Hauptlehrer immer für die Klassen fünf bis acht zuständig. Die Erwachsenen fragten mich manchmal im Laden, ob ich noch in die kleine oder schon in die große Schule gehe. Sie meinten damit, ob ich noch beim Fräulein unterrichtet werde oder schon die fünfte Klasse besuche und damit „beim Hauptlehrer gehe".

Wie in vielen anderen Gemeinden auch hatte der Lehrer nicht nur Schule zu halten. Unser Hauptlehrer war auch Gemeindeschreiber, erledigte also für den Bürgermeister und den Gemeinderat alle schriftlichen Verwaltungsarbeiten. Die Gemeindekanzlei war ein Raum im Parterre unseres Schulhauses direkt neben der Lehrerwohnung. Hier hielt der Lehrer seine regelmäßige Kanzlei-

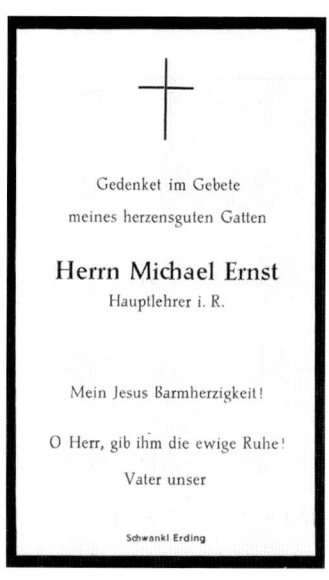

Sterbebilder des langjährigen Hauptlehrers Michael Ernst, dessen Schüler ich von September 1944 bis Dezember 1945 war, und von Pfarrer Johann Prillmeier, der einige Jahre nach dem Krieg Michael Schmitt nachfolgte.

stunde. In die Gemeindekanzlei kam ich immer, wenn wir die Lebensmittelkarten mit der Verteilerliste abholten. Ich erinnere mich an den für meine Vorstellungen mächtigen Schreibtisch, eine Standuhr und den Kanzleischrank mit dem hölzernen Rollladen.

Eine weitere wichtige Aufgabe für den Lehrer war das Musikleben im Dorf. Er leitete den Kirchenchor, spielte Orgel und sang bei Beerdigungen die lateinischen Responsorien. In das gesellschaftliche Leben des Dorfes war er eingebunden als Dirigent beim Männergesangsverein – einen für Frauen gab es natürlich nicht – und als Schriftführer bei den Vereinen. Selbstverständlich hatte er auch die Protokolle bei den Gemeinderatssitzungen zu führen.

Zum Lehrerhaushalt gehörten neben dem Herrn und der Frau Hauptlehrer, die natürlich nicht berufstätig war, auch keine besondere Ausbildung absolviert hatte, die Tochter des Paares, die im Dorf die „Lehrertraudl" war, und eine Dienstmagd, die „Lehrermagd".

Diese Magd sorgte einmal für delikaten Gesprächsstoff. Als eines Nachmittags die Lehrersfamilie weggefahren und die Magd allein in der Wohnung war, hatte sie ein Rendezvous mit einem Soldaten, der im Dorf als Gefangenenaufseher stationiert war. Nach ihrer Rückkehr entdeckte die Frau Hauptlehrer auf dem Bett in der Kammer der Magd – vielleicht hatte sie schon einen bestimmten Verdacht und schaute deswegen nach – die Schiffchenmütze des Besuchers, die dieser vergessen hatte. Die Magd wurde fristlos entlassen.

Natürlich war der Hauptlehrer NSDAP-Mitglied. Dass er längere Zeit auch wirklich ein überzeugte Anhänger des Nationalsozialismus war, habe ich erst Jahrzehnte später gemerkt. Als ich eine Chronik meiner Heimatgemeinde schrieb, stieß ich in unserem bescheidenen Gemeindearchiv auch auf das dienstliche Tagebuch des Schulleiters. Hier fand ich nicht nur die Ein- und Austritte von Schülern festgehalten, sondern, zum Teil mit roter Tinte, besondere Erfolge der NS-Politik mit begeisterten Anmerkungen des Lehrers.

Nach Kriegsende wurde der Hauptlehrer als Parteimitglied wie die meisten seiner Kollegen vom Dienst suspendiert. Auch sein Auto hatten ihm die Besatzungstruppen weggenommen. Nun fuhr auch er mit dem Fahrrad.

Weil sich schnell zeigte, dass ein flächendeckender Unterricht in den Volksschulen ohne die ehemaligen NSDAP-Mitglieder gar nicht möglich war, dauerte es nicht lange, bis der Herr Hauptlehrer seinen Dienst wieder antreten durfte.

Ein trauriges Ereignis der Lehrerfamilie fiel in die Zeit, während ich bereits im Internat war. Als ich in den Ferien nach Hause kam, erzählte mir die Mutter, die Lehrertraudl sei gestorben. Sie habe sich in einen amerikanischen Offizier verliebt und anlässlich ihrer Verlobung sei sie mit dem Bräutigam in dessen Jeep zu einer Wallfahrt nach Altötting gefahren. In dem offenen Fahrzeug habe sie sich eine Lungenentzündung zugezogen und sei daran innerhalb weniger Tage gestorben. Ich bin später wiederholt auf unserem städtischen Friedhof am Grab der Studentin vorbeigekommen und erinnerte mich daran, wie die Lehrerstochter hin und wieder das Fräulein oder ihren Vater im Unterricht vertreten hatte. Am liebsten hat sie uns Lieder beigebracht, zum Beispiel „Wir sind durch Deutschland gefahren, vom Meer bis zum Alpenrand." Besonders imponiert hatte mir, wenn die Traudl sich im Zeichenunterricht versuchte und uns zum Nachzeichnen in wenigen sicheren Strichen einen Tannenbaum an der Tafel skizzierte.

Ende einer Kindheit

Als das ereignisreiche Jahr 1945, das auch für mich der aufregendste Abschnitt meiner Kindheit war, zu Ende ging, fiel die Entscheidung, ich solle in ein Internat eintreten und eine weiterführende Schule besuchen. Eine klare Vorstellung, was mich in einer fremden Stadt, in einem klösterlichen Schülerheim und in einem Gymnasium erwartete, hatte ich nicht. Auch hatte ich keine Ahnung, wie groß das Heimweh nach dem Elternhaus und der dörflichen Umwelt sein würde.

Die Abschiedsstimmung erfasste mich vor allem in den Gesprächen mit meinem Freund Richard, von dem ich mir eine Trennung am wenigsten vorstellen konnte. Als wir uns wieder einmal über meinen bevorstehenden Weggang unterhielten, kletterten wir beide auf eine Fichte, die zum Windschutz im benachbarten Obstgarten gehörte. Auf einen Baum zu klettern, nach Vogelnestern zu suchen oder eine saftige Birne zu pflücken und sie möglichst weit oben auf einem Ast sitzend aufzuessen, war nichts Besonderes. Mancher unserer Bubenstreiche wurde auf einem Baum ausgeheckt. Diesmal bewegte uns anderes. Wir schnitten mit unseren Taschenmessern die beiden Anfangsbuchstaben unserer Namen in die Baumrinde. So wollten wir ein Zeichen der gemeinsamen Erinnerung an unsere Freundschaft schaffen und bei unseren Ferienaufenthalten im Dorf und möglichst auch noch als Erwachsene auf diesen Baum klettern und hier unsere Erlebnisse austauschen.

Der Baum mit den eingeritzten Buchstaben ist längst gefällt, die ganze Windschutzhecke beseitigt. Und auch die Freundschaft überlebte die Trennung nicht, weil wir bald in völlig unterschiedlichen Welten lebten.

Unvergessen bleibt mir die letzte Schlachtung eines Schweins, die ich beim Gerbl erlebte. Als wir in der Küche damit beschäftigt waren, das Kesselfleisch zum Würstemachen aufzuschneiden oder durch den Fleischwolf zu drehen, holte der Gerbl Vatt die Schweinszunge aus dem dampfenden Kessel und legte sie vor mir auf den Tisch mit der Bemerkung, die Zunge sei das beste Fleisch der Sau und ich solle davon essen, soviel ich könne. So etwas Gutes werde ich wahrscheinlich im Internat nicht bekommen. Ich langte herzhaft zu.

Als ich nach Monaten zum ersten Mal heimfahren durfte, es waren die Osterferien, lag der Gerbl Vatt mit Magenkrebs im Krankenhaus der Kreisstadt. Ich besuchte ihn mit dem Fahrrad. Ich stand vor seinem Bett und er fragte mich nach meinen Erlebnissen in einer ganz anderen Welt. Dann setzte er sich mühsam auf, holte unter dem Bett ein halbvolles Einmachglas mit Birnenspeiteln hervor, spießte mit seinem großen Taschenmesser ein Birnenviertel heraus und reichte es mir. Die Muatt oder einer der Söhne hatten ihm das

Sterbebild vom Gerblbauer. „Da Vatt" und seine Frau, „d' Muatt", spielten in meiner Kinderzeit eine wichtige Rolle. Auch sie verkörpern für mich im Rückblick eine andere Welt.

Glas mit den Birnen in das Krankenhaus gebracht. Ich erkannte, von welchem Baum die eingemachten Birnen stammten. Oft genug hatte ich mir eine seiner saftigen Früchte schmecken lassen.

Als ich in den Sommerferien wieder heimfahren durfte, lag der Gerbl Vatt bereits im Familiengrab nahe der Kirchenmauer. Im Grab ruht mit ihm auch ein Teil meiner Kindheit. Inzwischen steht auf dem Grab längst ein neuer Grabstein mit dem Namen des Hoferben, der auch längst tot ist. Die Namen von der Gerbl Muatt und vom Gerbl Vatt sind nicht mehr eingemeißelt.